Werner Schäfke

Deutsche BACKSTEIN-ARCHITEKTUR des Mittelalters

von Lübeck bis zur Marienburg

IMHOF-Kulturgeschichte

Michael Imhof Verlag

Titelseite: Abb. wie S. 41, 75, 109

Umschlagrückseite: Abb. wie S. 29

Bildnachweis:

Alle Aufnahmen stammen von Werner Schäfke mit Ausnahme von: Michael Imhof: S. 4, 7, 18, 19 oben, 35, 37, 41, 45 oben, 46 unten rechts, 47 oben, 63, 72, 73 oben und unten rechts, 75, 76 oben, 82, 87, 99 oben, 102
Wikipedia: S. 48, 49, 50, 65, 69, 70 oben, 71, 79 (Fotograf: Darkone, 2005), 81 oben, 84, 86, 89, 90 oben

Eberswalde, Turm der Stadtkirche St. Maria und Magdalena

Werner Schäfke: Deutsche Backsteinarchitektur des Mittelalters, Imhof-Kulturgeschichte, Petersberg 2008

Michael Imhof Verlag GmbH & Co. KG
Stettiner Straße 25
D-36100 Petersberg
Tel. 0661/9628286; Fax 0661/63686
www.imhof-verlag.de

Gestaltung und Reproduktion: Michael Imhof Verlag
Druck: Grafisches Centrum Cuno GmbH & Co. KG, Calbe
Printed in EU

ISBN 978-3-86568-162-1

INHALT

Vorwort 5
Backsteinbau in Europa 6
Baumaterial für ein neues Europa 9
Material – Zweifel und Gerechtigkeit 10
Putz und Farbe 10
Bayern denkt anders 13
Die Liebfrauenkirche in München 18
Von Formsteinen und Tonplastik 21
Die Landschaft – die Geschichte 31
Die romanischen und frühgotischen Anfänge 36
Kloster Jerichow 36
Der Dom zu Ratzeburg 40
Auf den Spuren romanischer Backsteinarchitektur: Brandenburg, Schwerin, Lübeck und Bad Segeberg 42
Kloster Lehnin 44
Unter dänischer Herrschaft 48
St. Marien in Bergen auf Rügen 50
Kloster Eldena 51
Architektur als Herrschaftszeichen – Kloster Chorin 52
Halle und Kathedrale – St. Marien in Lübeck und die Folgen 55
Ein früher Erfolg: die Hallenkirche 56
Demonstrativer Prunk: Schaugiebel in Neubrandenburg, Prenzlau, Gransee und Greifswald 57
St. Marien in Lübeck – eine Kathedrale für Bürger 61
St. Nikolai in Stralsund 69
Der Dom Maria und St. Johann Ev. in Schwerin 72
Die Klöster Doberan, Dargun und Pelplin 74
St. Marien in Rostock 79
Marienkirche und Nikolaikirche in Wismar 80
St. Marien in Stralsund 83
St. Georgen in Wismar 86
Von Verden bis Danzig – Variationen von Hallenumgangschor und Hallenkirche 87
Hallenumgangschöre von Lüneburg bis Spandau 88
Hinrich Brunsberg – virtuose Gotik in Backstein – die Katharinenkirche in Brandenburg 92

St. Marien in Danzig 99
Das Zellengewölbe – Backstein virtuos verborgen 101
Profaner Stolz – Giebel, Mauern, Tore und Burgen 103
Die Marienburg 111
Literatur 113
Glossar 117

Ratzeburg, Dom

VORWORT

Im weit gespannten Gebiet des Heiligen Römischen Reiches Deutscher Nation werden mit Lübeck und der Marienburg Höhepunkte einer Architektur angesprochen, die wie in keiner anderen Landschaft Europas die Wohnhäuser der Bürger und ihre Kirchen, aber auch die Kathedralen der Bischöfe und die Kirchen der Orden, die Stadtmauern, Stadttore, Rathäuser und Burgen in einer gemeinsamen Sprache des Materials und der Formen verbindet. Nirgendwo sonst in Europa wird Architektur wie hier vom Backstein her und seinen technischen Möglichkeiten der Formung vor dem Brennen gedacht.

Seit der Wiedervereinigung hat sich die historische und kunsthistorische Forschung zur Backsteinarchitektur ausgeweitet und intensiviert. Die Breite wie Tiefe der Ergebnisse kann sich sehen lassen. Das gilt zugleich für die beeindruckenden Ergebnisse der Restaurierungen, die zahlreiche Bauten in ihrem Wert wieder sichtbar gemacht haben.

Danken möchte ich allen, die mich vor und nach der Wende auf Fahrten zur Backsteinarchitektur begleitet und mein Interesse geteilt haben, besonders Herrn Dr. Helmuth Kluger, Frau Annette Hellerung und meiner Schwester.

Brandenburg, Dom, Südseite des Schiffs, ebenso elegant wie Skulpturen werden Formsteine für Maßwerk vor dem Brand geschnitten

BACKSTEINBAU IN EUROPA

Backsteinarchitektur gab und gibt es in vielen Kulturlandschaften. Von der Frühzeit in Mesopotamien bis zur technischen Perfektion in der römischen Architektur reicht die Entwicklung über Jahrtausende. Die römischen Kenntnisse gehen im Mittelalter nicht verloren. Im Norden Italiens, in Spanien, im Süden Frankreichs, auch nördlich der Alpen entsteht mittelalterliche Backsteinarchitektur – ebenso wie die Tradition in Byzanz und bei seinen Nachbarn und Nachfolgestaaten lebendig bleibt.

Ravenna, wie der Süden Italiens einige Generationen länger unter byzantinischer Herrschaft als Rom oder Oberitalien, bietet beeindruckende spätantike Backsteinarchitektur. Das Mausoleum der Galla Placidia, Mitte des 5. Jahrhunderts errichtet, bietet sogar ein Backsteinformat, das mit 30 x 15 x 8 cm den Formaten des Hohen Mittelalters entspricht. Für die jüngeren Bauten von San Vitale in Ravenna und von Sant' Apollinare im nahe gelegenen Classe sind dagegen wieder Backsteine verwendet worden, die mehr antiker Tradition entsprechen, größer und flacher und in hohe Mörtelschichten eingebettet.

Kenntnis byzantinischer Backsteinarchitektur und byzantinischer Backsteintechnik gelangte aber auch im Rahmen intensiver Auslandsexkursionen ins mittelalterliche Europa. Der Erste Kreuzzug von 1196 – 1199 machte ebenso wie der gescheiterte Zweite Kreuzzug von 1147 – 1149 zahlreiche einflussreiche Multiplikatoren aus Geistlichkeit und Adel mit historischer wie zeitgenössischer Backsteinarchitektur bekannt. Mancher wird sich auch für die technischen Aspekte interessiert haben, für die die etwas friedlicher gestimmten Wallfahrer im alltäglichen Pilgerverkehr nach und von Jerusalem sicher etwas mehr Zeit und Aufmerksamkeit aufbringen konnten. Reisen bildet und Backstein war das dominierende Material byzantinischer Bauten bis zur Eroberung Konstantinopels durch die Türken im Jahre 1453. Auch im Handelszentrum Venedig konnte man diesem Baumaterial jederzeit begegnen, selbst wenn die Bauherren mit Putz, Marmorinkrustation und Mosaikschmuck meist versuchten, ein anderes Bild zu entwerfen.

Lebendige Kenntnis von der Technik des Backsteinbaus stand auch in Spanien zur Verfügung. Im arabisch beherrschten Teil war Backsteinarchitektur nach byzantinischem Vorbild keine Seltenheit. In Toledo legt z. B. die um 1000 erbaute ehemalige Moschee und heutige Kirche San Cristo de la Luz davon Zeugnis ab. Das wuchtige Minarett des späten 12. Jahrhunderts der großen Moschee von Sevilla, heute Glockenturm „La Giralda“ der Kathedrale von Sevilla, ist eine der eindruckvollsten Backsteinarchitekturen überhaupt. Mit der rapide vordringenden christlichen Rückeroberung Spaniens, der Reconquista, führten bald maurische

Albi, Kathedrale Sainte Cécile

Baumeister ihre Tätigkeiten in nun christlichem Auftrag aus.
So zeigt im Süden Frankreichs der aufwendige Bau von Saint-Saturnin in Toulouse, vor 1100 begonnen, wie die Kenntnisse von Backsteinarchitektur, vielleicht auf dem Pilgerweg, auf dem Rückweg von Santiago de Compostela, wieder nach Osten über die Pyrenäen wanderten.
Grundkenntnisse der Technik waren und blieben durch die vielfältige Fertigung von Gebrauchskeramik für den alltäglichen Bedarf und durch die Fertigung von Fliesen als Bodenbelag sowieso geläufig und verbreitet.
Perfektes Backsteinmauerwerk aus, bis zu 8 cm hohen, in Formen gefertigten Backsteinen, mit kaum sichtbaren gestoßenen Fugen entsteht parallel zu dem 1099 begonnenen Dom von Modena in Oberitalien. Nicht umsonst rühmt die Inschrift den Architekten Lanfrancus als „*mirabilis artifex, mirificus edificator*“, als bewundernswerten Künstler, als bestaunenswerten Baumeister. Zwar wird betont, dass der Dom in Marmor erstrahlt (den man aus antiken Ruinen zusammengeklaubt hatte), für uns aber ist sein Backsteinmauerwerk rühmenswerter. Bereits beim frühesten Teil des Mauerwerks begegnet man sorgfältigster Produktion und gleichwertiger Mauertechnik bis hin zur Riefelung der sichtbaren Steinoberfläche. An den Kapitellen ist steinmetzmäßige Bearbeitung nach dem Vermauern zu sehen, um dem Würfelkapitell seine Rundungen zu geben. Entsprechende Kapitelle begegnen uns wenig später z. B. in Jerichow. Aber auch kelchförmige Bearbeitung von Kapitellen, wie sie der dänische Baumeister in St. Marien in Bergen auf Rügen durchführen lässt, kann im Dom von Modena beobachtet werden. Backsteinmauerwerk, perfekter als bei vielen späteren Beispielen, wird hier in Modena also an einem großen Bauunternehmen vorgeführt. Offensichtlich beherrschte Lanfrancus die Logistik und Technik der Backsteinfabrikation in gleicher Perfektion wie man seinen Umgang mit Marmor öffentlich rühmte.

Backstein bleibt in Italien ein gerne genutztes Baumaterial für die kommenden Jahrhunderte des Mittelalters. Manche Bettelordenskirche zeigt das Baumaterial offen, aber auch die gigantische geplante Stadtpfarrkirche San Petronio in Bologna bietet innen sichtbar ihre Backsteinstrukturen dem Betrachter dar. Selbst für den in Marmor schimmernden Dom von Mailand werden in den ersten drei Baujahren bis 1389 gut drei Millionen Backsteine verbaut.

In Frankreich wird nach den Anfängen mit Saint-Saturnin in Toulouse der Höhepunkt mittelalterlicher Backsteinarchitektur mit der Kathedrale Sainte Cécile in Albi erreicht. Bernard de Castanet, Chef der Inquisition in Südfrankreich und Dominikaner, wird 1277 Bischof von Albi, ca. 100 km nördlich von Toulouse. Bereits am Tage seiner Ankunft beschließt er mit seinem Kapitel den schon lange diskutierten Neubau der Kathedrale. Am 15. August 1282, Mariae Himmelfahrt, legt er den Grundstein zu einem der monumentalsten Backsteinbauten überhaupt, wie eine Festung über dem Flussufer aufragend. Vorbild des gewaltigen einschiffigen Raumes mit Gewölben in 30 m Höhe, 17 m Breite überspannend, war die im 19. Jahrhundert zerstörte Franziskanerkirche in Toulouse. Auch der Sitz des Bischofs in Albi, La Berbie, nimmt mit ebenso glatt gespannten Wänden das Konzept der Backsteinarchitektur der Kathedrale wieder auf.

Mit den angesprochenen großen Bauten oder Projekten der Backsteinarchitektur um 1100 südlich der Alpen von Byzanz über Venedig, über die weite Poebene, über Südfrankreich mit Toulouse bis jenseits der Pyrenäen standen nun alle Kenntnisse und Fähigkeiten für die nächste Blüte von Backsteinarchitektur nördlich der Alpen bereit.

Backstein war dort nicht unbekannt, aber selten genutzt. Gebrauchskeramik war selbstverständlich, Fliesenböden zumindest seit dem 10. Jahrhundert nicht ungewöhnlich. Aber erst Mitte des 12. Jahrhunderts wird seine Verwendung selbstverständlich. Zuvor beutete man gerne in den einst unter römischer Herrschaft stehenden Gebieten antike Bauten aus, brannte deren Marmor zu ungelöschtem Kalk, um Mörtel anzurühren, führte Steine und Backstein einer Zweitverwendung zu. Aber man brannte auch neue Backsteine. In Straßburg hat man Backsteine, gestempelt mit den Namen bzw. Zeichen der Bischöfe Arbogast und Florentinus des frühen 7. Jahrhunderts, gefunden.

Einhard (um 770 – 840), als wissenschaftlicher Berater auch in Baufragen am Hofe Karls des Großen und seines Sohnes Ludwig des Frommen tätig, ließ beim Bau der Pfeiler seiner Kirche in Steinbach bei Michelstadt im Odenwald Backsteine verwenden. Teils wohl in flache Holzrahmen gestrichen, teils auch scharfe Schnittkanten zeigend, bieten sie in hohem Mörtelbett verlegt ein durchaus antikes Bild, ursprünglich hinter Putz verborgen. Aber zumindest muss Einhard, der ein interessierter Leser der „Zehn Bücher über Architektur“ Vitruvs war, die um Christi

Geburt entstanden sind, über das dort vermittelte Wissen hinausgelangt sein. Vitruv, dessen Schriften die einzigen antiken Werke zur Architektur darstellen, hat den Vorgang und die Technik des Brennens bei seiner Behandlung der Herstellung von Baumaterial aus Ton nicht erwähnt. Einhards Backsteine sind meist perfekt gebrannt. Ebenso baubegeistert wie Einhard, hat auch Bischof Bernward von Hildesheim (um 960–1022) mit gebranntem Ton experimentiert. Er ließ Dachziegel anfertigen, mit seinem Namen gestempelt. Wie Einhard wird auch Bernward seine Vorbilder in Rom und auf dem Weg dorthin gesehen haben. Dachziegel, die die Gefahr von Bränden verringern, werden bereits zur Zeit Karls des Großen erwähnt und im 11. Jahrhundert nicht nur von Bernward in Auftrag gegeben. Diese Erzeugnisse sind aber noch ungewöhnlich und werden als besondere Leistung hervorgehoben. So ist Backstein punktuell und sporadisch immer wieder im Bewusstsein von Architekten und Bauherren präsent, bis sich zu Beginn des 12. Jahrhunderts die Szene nicht nur in der Baubranche ändert.

Baumaterial für ein neues Europa

Europa hatte sich geändert. Das Großunternehmen der Kathedrale von Modena mit der organisatorischen Leistung der Backsteinproduktion in dieser Qualität und Quantität ist ein frühes Beispiel dafür. An die Stelle einer Gesellschaft am Rande des Abgrundes zum totalen Chaos war eine Zivilisation getreten, die Selbstbewusstsein und Sicherheit gefunden hatte.

Ungarn und die Normannen waren im 10. und 11. Jahrhundert noch eine existentielle Bedrohung der europäischen Welt gewesen, die man aber besiegt beziehungsweise integriert hatte. Ende des 11. Jahrhunderts zeigten Gottesfriedensbewegung und Kreuzzugsbewegung, dass Europa neue, ungewohnte Ziele und Kräfte entwickelt hatte. Die Bevölkerung Europas war gewachsen. Nach einem deutlichen Rückgang in der Völkerwanderungszeit erreicht man Ende des 11. Jahrhunderts wieder 4 Millionen. Ende des 12. Jahrhunderts sind es bereits 5 Millionen und um 1300 rechnet man mit 9 Millionen, bevor das Ende eines relativ warmen Klimas, das Ende des ersten Jahrtausends einsetzte und die Pest die Bevölkerung bis 1400 wieder auf etwa 5 Millionen sinken lässt.

Die ungezügelten Kräfte des Feudaladels, dessen interne Auseinandersetzungen in ungezählten Fehden und Raubzügen die Landbevölkerung plagten, die Lande verwüsteten und den Handel störten, wurden in Europa durch den von der Kirche geforderten und geförderten Gottesfrieden gebunden. Er gebot Schutz für Wehrlose, beschränkte Waffengänge auf wenige Tage. Die Kreuzzüge, die ja nicht nur nach Jerusalem führten, sondern ebenso gegen „Heiden“ und „Ketzer“ im Osten Europas, in Spanien, im Süden Frankreichs gegen die Albigenser, gegen die Christen Konstantinopels geführt wurden, bündelten die ungebundenen Kräfte, die zweiten und dritten Söhne des Adels. Chancenlos in der Heimat, suchte man Seelenheil und gesunde Kapitalausstattung an den Grenzen des christlichen Europas, die sich so langsam zu verschieben begannen.

Material – Zweifel und Gerechtigkeit

Bereits als Kaiser Augustus sich rühmte, er habe Rom aus Backstein erbaut vorgefunden und in Marmor hinterlassen, wird eine Einstellung gegenüber dem erstgenannten Baumaterial ausgedrückt, die die Diskussion über Backsteinarchitektur bis heute bewegt. Ein Gewand aus farbigem Marmor innen und außen oder farbig gefasster Putz bestimmten die Wirkung der großen Bauten. So ist auch Galliens größter Backsteinbau, die konstantinische Basilika in Trier, ursprünglich verputzt und rot gefasst gewesen.
Dieser historischen Realität tritt zur Mitte des 19. Jahrhunderts der Gedanke der Materialgerechtigkeit gegenüber: *„Dass Wahrheit und Natürlichkeit die erste Bedingung zur Schönheit sei“* und *„die Gliederung nicht blos einem für alle Fälle gültigen Muster folgen müsse, sondern dass auf ihre Bildung auch das Material von ganz besonderem Einfluss sei“*, so formulierte es 1855 August von Essenwein, einflussreicher Architekt, Architekturhistoriker und späterer Direktor des Germanischen Nationalmuseums Nürnberg, in seinem Band über „Norddeutschlands Backsteinbau im Mittelalter“, den er als beispielhaft ansieht, um *„die Einflüsse des Materials auf den Baustyl und die Gliederung zu zeigen“*. Diese noch romantisch geprägte Vorstellung, die Architekturtheorien in der Spannung zwischen Material und Funktion bis heute beschäftigt, findet in den Bauten ebenso Bestätigung wie farbenprächtigen Widerspruch.

Putz und Farbe

Die farbige Fassung der Innenräume, der Gewölbe, Pfeiler und Wände, ist in Beispielen vom 12. Jahrhundert – in St. Marien in Jerichow oder zu Bergen auf Rügen – bis zum Ende des Mittelalters in unserem Gebiet überliefert. Sie reicht vom ornamentalen Spiel, das die Architektur gliedert oder dem Raster des Backsteinmauerwerks folgt, bis zur ausführlichen Darstellung biblischer Themen und zur Auflösung der Pfeilerflächen in von Heiligen bewohnte

Bergen, St. Marien, südwestlicher Vierungspfeiler

Lübeck, Burgtor. Das Mauerwerk zeigt dunkel glasierte und unglasierte rote Backsteine im Wechsel.

Steffenshagen bei Bad Doberan, Portal der Dorfkirche

bunte Architektur wie in St. Nikolai in Stralsund, St. Jakobi in Lübeck oder St. Marien in Thorn (Toruń).

Ein anderer Schritt führt direkt vom Material zur farbigen Gestaltung. Bereits im frühen 13. Jahrhundert begegnet uns der Schichtenwechsel von roten und dunkel glasierten Backsteinen, so etwa in der südlichen Vorhalle des Ratzeburger Domes. Der rhythmische Wechsel von Schichten dunkel glasierter und unglasierter gelber bzw. roter Backsteine wirkt auch an der Außenhaut der Bauwerke eindrucksvoll, so am Rathaus und an St. Marien in Rostock, an St. Katharinen in Lübeck sowie an zahlreichen anderen profanen und sakralen Bauten. Auch in der dänischen Backsteinarchitektur des Mittelalters wird diese Gestaltung des Mauerwerks für Wände, Pfeiler und Arkaden zum oft dominierenden Erscheinungsbild. Erinnerungen an die Architektur der Toskana, z. B. an den Dom von Siena, mögen bei dieser Schmuckform eine Rolle spielen. Noch aufwendiger sind glasierte Formziegel, kleine glasierte Reliefplatten oder glasierte Wimperge, wie sie Hinrich Brunsberg an St. Katharinen in Brandenburg verwendete. Ganze Giebelflächen können so gestaltet werden, wie es der Giebel der südlichen Vorhalle von St. Nikolai in Wismar zeigt. Der Schimmer der glasierten Reliefs bzw. der glasierten Steine stellt sich mit seinem starken Ausdruck gegen die architektonische Gliederung, versetzt die Oberfläche in Unruhe gegen die Flächen und Linien des Baus.

Offen bleibt die Frage des Außenputzes. Sicher, oft erhalten, öfter restauriert, sind die weiß gefassten Putzflächen, die häufig die Rundbogen- oder jüngeren Spitzbogenfriese unterhalb des Dachansatzes betonen. Auch großflächige Schmuckformen, Kreise, Sterne, Rosetten, Stä-

Wismar, St. Nikolai, Südgiebel

be und Maßwerk, waren und sind oft durch Putzflächen hervorgehoben, die wohl manches Mal zusätzlich Malerei – Ornamente und Figuren – trugen. Innerhalb dieser Schmuckformen, etwas geschützt also, haben sich Spuren von Putz und farbiger Fassung immer wieder nachweisen lassen. Ein fast vollständiges System der farbigen Fassung eines Schmuckgiebels ist im Dachstuhl von St. Katharinen in Brandenburg erhalten geblieben. Der Ostgiebel des Langhauses stand nur eine Generation lang frei, bevor der prunkvolle Umgangschor Hinrich Brunsbergs vollendet wurde und der Giebel dann im Dachstuhl Wetterschutz fand.

Die Backsteinschichten des durch schlichte Spitzbogenblenden gegliederten Giebels sind abwechselnd in Rot und Weiß gehalten. Die Putzflächen in den Blenden tragen Maßwerk und Rosetten in Weiß, in fast willkürlichem Wechsel mit Rot und Schwarz abgesetzt. Die klaren und schlichten Formen des Mauerwerks werden so zu einem vibrierenden Kontrastspiel von Farben und Formen gesteigert, die das Auge nicht zur Ruhe kommen lassen. Das ist nicht gerade jener farbliche Dreiklang aus dem Grün der Landschaft, dem Blau des Himmels und des Meeres sowie dem Rot des Backsteins, den das deutsche Gemüt seit der Romantik liebt. Es ist aber auch nicht unerwartet oder ungewöhnlich. Seit den Forschungen des 19. Jahrhunderts wissen wir, wie bunt, vergoldet und strahlend farbig die Werksteinbauten der Gotik auch außen waren. Wie bei den staufischen Bauten des Rheinlandes dienten Farben – und Schlämmung darunter – gleichzeitig dem Schutz des empfindlichen Steinmaterials wie auch der bewussten Inszenierung der Architektur. Dabei wurden die farbigen Fassungen der Architektur häufig optisch raffiniert gegen die architektonische Gliederung eingesetzt, außen wie innen. So dürfen wir uns heute am warmen Rot des Backsteins erfreuen, sollten uns aber zugleich erinnern, dass dies nicht unbedingt die Vorstellung der Bauherrn spiegelt – oft galt das Rot der Backsteine als nicht ausreichend. Als Rezept für einen Anstrich wird folgende Mischung überliefert: 1 Teil caput mortuum (rotes Eisenoxyd), 2 Teile Heringslake und 5 Teile Wasser. Salz, Fett und Eiweißgehalt der Heringslake trugen zur Haltbarkeit bei. Die Vorgaben des Baumaterials Backstein für die Architektur sind in der farbigen Fassung unübersehbar. Das Maß der Backsteine bestimmt die Streifenfolge glasierten und unglasierten Materials. Es bestimmt das Grundraster im optisch flirrenden Erscheinungsbild von St. Katharinen in Brandenburg oder an Pfeilern wie in St. Gotthardt in Brandenburg – öfter aber wird ein Steinzuschnitt von Werksteinformat malerisch angedeutet.

Bayern denkt anders

In Bayern wird dort, wo kein Naturstein in der Nähe zur Verfügung steht, zwar schon in romanischer Zeit in Backstein gebaut – aber auch in gotischer spätmittelalterlicher Zeit wird nicht in Backstein gedacht. Man baut mit Backstein als wäre es Naturstein. In Schwaben, in Oberbayern und Niederbayern wird Backsteinmauerwerk in Gebieten eingesetzt, die die Eiszeit, die Gletscher und Schmelzwässer mit Geschiebe, Kies, Mergel Tonlagern und Lößlehm in ein seenreiches sanft bewegtes Voralpenland und weitgespanntes Donautal verwandelt haben. Mangel an Naturstein kann allerdings nicht der einzige Grund gewesen sein. Flüsse, auf denen man Baumaterial, Holz wie

Brandenburg, Rathaus

Stein, transportieren konnte, waren immer nah zur Baustelle. War Backstein preiswerter? War er schneller in gleichmäßiger Qualität und in größeren Quantitäten zu organisieren? Der rasche Baufortschritt der Frauenkirche in München könnte dafür sprechen. Wenn für St. Ulrich und Afra in Augsburg Ende des 15. Jahrhunderts Pfeiler und Rippen der Gewölbe in Naturstein ausgeführt werden, das hinter Verputz verborgene Mauerwerk aber in Backstein, mag die Kalkulation der Kosten die Materialwahl bestimmt haben. In Ingolstadt, der kleinen Residenzstadt einer

Wittelsbacher Nebenlinie, werden ganz offen sichtbar die Außenwände des Liebfrauenmünsters in Backstein mit Naturstein an Mauerecken und Gewänden aufgeführt, während das Innere Naturstein vorgibt. Zahlreiche andere Kirchen zwischen Landsberg am Lech und Straubing zeigen stolz Backstein als ihr Baumaterial, demonstrieren für die Gewände der Fenster, für Portale oder Maßwerk Naturstein, während innen Backstein unter Putz und Farbe verborgen wird. Auch hier können und dürfen Bauherren und Baumeister stolz auf ihre technische und organisatorische Leistung gewesen sein, Backstein in den benötigten großen Mengen liefern zu lassen. Die großen Stadtkirchen des 15. und frühen 16. Jahrhunderts sind Beispiele dafür und prägen mit dem warmen Ton des Backsteins bis heute das Bild ihrer Städte.

Hans von Burghausen, dem die Ehre einer Gedenktafel an „seiner" Kirche St. Martin in Landshut zuteilwurde, steht am Anfang dieser Entwicklung. In Landshut als Sitz des Herzogtums Niederbayern, aber auch in kleinen Residenzen wie Straubing, in Landstädten wie Vilsbiburg, Dingolfing, Neu-Ötting oder Wasserburg am Inn und manchen Dörfern nutzt man die spätmittelalterliche wirtschaftliche Blütezeit, um für die gewachsene Bevölkerung eine größere Kirche zu errichten. Für Landshut war dies bereits 1369 Herzog Stephan dem Älteren aufgefallen und 1389 wird ein *„maister Hanns Pawmeister zu sand martein"* erwähnt. Um 1400 erhält der Chor bereits ein Gewölbe, das das Gewölbe des Prager Domchores von Peter Parler mit neuer eleganter Streckung der Rauten und dem als Abschluss eingefügten Stern vervollkommnet. Das erheblich spätere, um 1475 eingezogene Gewölbe des Schiffs dagegen hält mit einer direkten Kopie des Parallelrippengewölbes am Vorbild der Prager Kathedrale fest und verzichtet auf eigenständige Neuerungen. Dendrochronologie der Hölzer des Dachstuhls und Datierung durch die Stifterwappen kommen hier zum gleichen Ergebnis. Noch später, um 1500, wird der Turm vollendet und erreicht mit 130,6 m fast die Höhe des Straßburger Münsters. Fast zugleich, 1503, endet das Herzogtum der Wittelsbacher Linie Bayern-Landshut. Oberbayern und Niederbayern werden vereint. München wird unter Herzog Albrecht IV. zur Hauptresidenz und ein Primogeniturgesetz verhindert von nun an weitere Teilungen Bayerns.

Das geschieht alles lange nach dem Tode des Hans von Burghausen im Jahre 1432. Außen am Strebepfeiler zwischen dritter und vierter Kapelle der Südseite des Schiffs, von Osten her gezählt, hat man ihm einen aufwendigen Epitaph gesetzt. Eine Inschrift nennt das Datum seines Todes und seine (wohl) wichtigsten Bauten: *„Anno dni mccccxxxii starb hanns stainmezz in die laurentij maister der kirchn und czu spital und in salczburg cze oting cze strawbig und zu bassbuk dem got gnädig sey Anet."* Drei Wappen befinden sich über der Inschrift, von denen das mittlere mit zwei Richtscheiten auf den

Landshut, St. Martin

Baumeisterberuf deutet, darüber ist eine Porträtbüste angebracht, deren Realismus umstritten ist, darüber wiederum ist Christus als Schmerzensmann unter einem Maßwerkbaldachin dargestellt. Der Tag des hl. Laurentius ist der 10. August, die Jahreszahl ergibt 1432 und zugeschrieben werden ihm dank der Inschrift neben St. Martin in Landshut dort auch die Spitalkirche Hl. Geist, dazu die Pfarrkirchen in Neu-Ötting, Straubing, Wasserburg und Salzburg, dort die heutige Franziskanerkirche. 1407 beginnt man in Landshut mit dem Langhaus von St. Martin und legt den Grundstein für Hl. Geist, die Spitalskirche. In Hl. Geist wie im Chor der Salzburger Franziska-

Landshut, St. Martin, Mittelschiffgewölbe

nerkirche, um 1408 begonnen, nutzte Hans von Burghausen den Chormittelpfeiler, wie er Ende des 14. Jahrhunderts erstmals von den Parlern für St. Bartholomäus in Kolin bei noch basilikalem Aufbau des Chores eingesetzt wurde. Nun, freistehend bei Hallenumgangschören, kann er erst seine eigentliche, den Raum dominierende Wirkung entfalten. Den fünf Innenseiten des Chorumgangs bei Hl. Geist in Landshut entsprechen (ungleichzahlig) sieben Außenseiten – anders, als wir es bis dahin fast immer (gleichzahlig) in Chorumgängen kennen. So steht der Chormittelpfeiler vor einem Fenster und die Gewölbe des Chorumgangs sind bei einer einfachen Lösung des durch die ungleiche Zahl der Pfeiler gegebenen Problems abwechselnd in Dreiecke und Rechtecke aufgeteilt, erstmals im Chorumgang der Kathedrale von Le Mans im 13. Jahrhundert so formuliert.

Für die Franziskanerkirche in Salzburg, damals Pfarrkirche Unserer Lieben Frau, bietet Hans von Burghausen, nun in Werkstein, eine andere faszinierende Gewölbekonzeption und Raumvorstellung an. Im Chor, das romanische Schiff ist stehen geblieben, ist die lineare Trennung zwischen Umgang und

Landshut, St. Martin, Blick ins Gewölbe

Binnenchor aufgehoben. Das Gitternetz des Gewölbes, die Rippenanfänge tief auf die dünnen runden Pfeiler und Dienste heruntergezogen, verbindet Binnenchor und Umgang, hebt also die gewohnte Trennung auf. Mitte des 15. Jahrhunderts, Stephan Krumenauer hat nach dem Tode des Hans von Burghausen die Leitung übernommen, ist die Kirche vollendet. Weder Hans von Burghausen noch Stephan Krumenauer scheinen dem Wechsel der Baumaterialien bei ihren Bauten größere Bedeutung beigemessen zu haben. Virtuos gestaltete weite Räume für gewachsene große Gemeinden, kontrastreich mit immer aufwendigeren Gewölben geschlossen, sind das Ziel. Die (nur außen) offen sichtbare Verwendung von Backstein unterstreicht dabei nur demonstrativ die Qualität des Planes und seiner technischen Umsetzung.

Landshut, St. Martin, Gedenktafel für „hanns stainmezz“

München, Frauenkirche

Die Liebfrauenkirche in München

Am Ende der Reihe bayerischer Residenzen mit Burghausen, Landshut und Ingolstadt, die eine große Stadtpfarrkirche erhalten, steht München mti der Frauenkirche. Mit einer Länge von 109 m, einer Breite, dreischiffig, von 49 m, einer Gewölbehöhe von 37 m und einer Doppelturmfassade, die 99 m erreicht, ist sie die größte der bayerischen Hallenkirchen und von Beginn an von herrschaftlichem Anspruch geprägt. Den Grundstein legt am 10. Februar 1468 Herzog Sigismund von Bayern, der sich vor dem unbändigen Machtdrang seines jüngeren Bruders Albrecht IV. des Weisen bereits im Jahr zuvor auf seine Schlösser zurückgezogen hat. Albrecht aber ist die treibende Kraft für den Rang des Projektes. Noch vor der Weihe des rasch vollendeten Baues am 14. April 1494 sorgt Albrecht effektiv und ohne das eigene Vermögen anzugreifen für Reichtum und Ansehen seiner Residenzkirche. Zwei Kollegiatstifte, Ilmmünster und Schliersee, werden 1492/93 mit ihren Besitztümern und Einkünften, mitsamt ihren Stiftsherren, gegen den erfolglosen Protest des zuständigen Bischofs von Freising und mit Zu-

München, Frauenkirche, Blick ins Gewölbe

stimmung des Papstes Alexander VI. Borgia an die neue Kirche umgesetzt, ebenso ökonomisch perfekt wie liturgisch wertvoll. Und den Stiftsherren mag der Umzug nach München, in die aufblühende Residenzstadt, mit Karrieremöglichkeiten am Hofe durchaus gefallen haben.

Gleich neben dem Westeingang der Frauenkirche verkündet die Grabplatte des Baumeisters an der Ostwand des südlichen Turmes mit ihrer Inschrift den Ruhm und das seltene Glück des Jörg von Halspach: *„Anno Dni 1488 jar an Montag nach sant michels tag starb maister jörg von halspach maurer dis Gotshauß unser Fraue der mit der hilff gotz und seiner hant den ersten, den mittln und lostn stain hat volfert an diesem pau, der leit hie pegraben und margret seine eliche hausfrau. den Got genadig sei.“* Binnen zwei Jahrzehnten hat er, seltenes und glückliches Ereignis in der Laufbahn mittelalterlicher Architekten, den ersten, den mittleren und den letzten Stein seiner Kirche vermauern können. Bereits im Oktober 1473, fünf Jahre nach Baubeginn, bespricht er die Einwölbung mit dem aus einer berühmten Architektenfamilie stammenden Matthäus Roriczer.

Trotz herzoglicher Präsenz bei der Grundsteinlegung und sicher auch

München, Frauenkirche, Maßwerkfries aus Formsteinen

herzoglicher finanzieller Unterstützung lag die Verantwortung in bürgerlicher Hand, getragen von den beiden Kirchenpröpsten, je einer gestellt von Innerem und Äußerem Rat. Jörg von Halspach war 1468, im Jahr der Grundsteinlegung, als Nachfolger des Stadtmaurers Ulrich Schwab in städtische Dienste getreten, wurde so auch Baumeister des gleichzeitig errichteten Alten Rathauses.
War sein Plan für die Frauenkirche der Anlass, ihn in Dienst zu nehmen? Trat er seinen Dienst an und fand einen fertigen Plan vor? Der Plan bildet die Summe der Hallenkirchenkonzepte der großen bayerischen Stadtpfarrkirchen und trägt zugleich eine charakteristische technische Nüchternheit zur Schau. Elf Joche lang ist das Hauptschiff, das östlichste trapezförmig zugeschnitten. Die Strebepfeiler sind nach innen gezogen, bieten Raum für Einsatzkapellen und für eine umlaufende Empore darüber. Außen werden die Strebepfeiler durch ein leichtes Vorspringen eines Mauerbandes angedeutet. Die Dachzone der Kapellen/Strebepfeiler wird durch ein prunkvoll ornamentiertes Band in Naturstein vom Dach über den Schiffen abgesetzt. Die Geschosse der Türme stehen ohne Bezug zum Bau des Schiffes daneben. Oberhalb des Dachfirstes werden die letzten drei Geschosse der beiden Türme ins Achteck überführt. Das schmale dritte Geschoss und die beiden „welschen“ Hauben darüber, die erst 1525 als Abschluss entstanden, zitieren den Felsendom in Jerusalem, wie ihn der Reisebericht des Mainzer Domherrn Bernhard Breydenbach im Holzschnitt popularisiert hatte, zitieren damit das „Himmlische Jerusalem“ und setzen so dem sonst so nüchtern auftretenden Zweckbau gleich doppelt eine theologische Krone auf. Zwei Türme mussten es wohl sein, im Gegensatz zu den sonst mit einem Turm abschließenden großen Pfarrkirchen der Zeit, um dem Vorgängerbau zu entsprechen und nicht hinter der Konkurrenzresidenz Ingolstadt zurückzustehen, auch wenn dort nur einer der beiden Türme der Kirche vollendet werden sollte. Von einer Westfassade kann man dennoch nicht sprechen, die auch in den engen Straßen rings um die Frauenkirche kaum zur Geltung kommen würde. Die Fernwirkung von Dach und Türmen, markant und das Stadtbild beherrschend bis heute, erschien wohl ausreichend.

VON FORMSTEINEN UND TONPLASTIK

Zum Grabdenkmal des Jörg von Halspach in der Frauenkirche gehörten ursprünglich – wie beim Vorbild an St. Martin in Landshut für Hans von Burghausen – eine Porträtbüste des Baumeisters und eine Darstellung Christi als Schmerzensmann. Beide sind als Tonplastiken entstanden und heute nur noch fragmentarisch erhalten. Die Fragmente, von hoher Qualität, machen auf eine überraschende Tatsache aufmerksam: Skulpturen aus Ton gefertigt, kunstvoll gebrannt und wie in Stein oder Holz farbig gefasst, waren besonders im 15. Jahrhundert am Mittelrhein, aber auch in Süddeutschland nicht ungewöhnlich. In ihrer Ausführung sind sie von hoher Qualität und zugleich Zeugnis höchster Perfektion und Virtuosität in der Beherrschung der Brenntechnik für Skulpturen aus Ton in solchen teils fast lebensgroßen Formaten. Dagegen hat Skulptur in Ton in unserem Gebiet der Backsteinarchitektur zwischen Lübeck und der Marienburg nirgendwo vergleichbare Qualität erreicht. Hier blieben die Künstler und ihre Werkstätten bei Stein und Holz für ihre Aufträge. Das heißt nicht, dass das gleiche Tonmaterial, das für Backsteine verwendet wurde, nicht auch in meist kleine Skulpturen an Portalen oder Kapitellen verwandelt wurde. Man spürt allerdings jeweils die ungeschulten Hände. Handwerker, die es gewohnt sind, Backsteine und auch komplizierte Formsteine für Maßwerk zu fertigen, versuchen sich an volkstümlichen religiösen Themen.

Die „Goldene Pforte“ des späten 12. Jahrhunderts der Marienburg, Zugang zur von 1331 bis 1344 erneuerten und vergrößerten Schlosskapelle des Hauptsitzes des Deutschen Ordens, ist das reichste Beispiel an Tonplastik in unserem Gebiet. Fünf kluge und fünf törichte Jungfrauen, gewohnte Mahnung ans Publikum an Kathedralen von Straßburg bis Magdeburg, betonen

Marienburg/Malbork, „Goldene Pforte“

Rang und Anspruch des Hochmeistersitzes. Ekklesia und Synagoge im Bogenlauf darüber setzen das Kathedralenzitat fort. Die westliche Seitenwand des Portals schildert in drei Szenen den Auftritt des jugendlichen Christus im Tempel zu Jerusalem, die Suche der Eltern und die gemeinsame Heimkehr nach Nazareth. Christus selbst wird mit dem Schlussstein zum Zentrum des Geschehens, Ziel und Ende der architektonischen Bewegungen. Alle Skulpturen sind in Ton gefertigt, wie Backsteine gebrannt und anschließend farbig gefasst worden. Ungewöhnlich reich ist auch das mit Fabelwesen durchsetzte Laubwerk der Kapitellzone und der Arkaden. Die Tonplastik des Mittelrheins, Nürnbergs, Schwabens und Niederbayerns konnte nur als Hohlform gebrannt werden. Hier dagegen wird das Material massiv eingesetzt. Aus großen Blöcken, lange getrocknet, dann leicht mit dem Meißel zu bearbeiten, sind die wenig mehr als einen halben Meter hohen Skulpturen herausgearbeitet worden. Ähnlich große Werkstücke kennen wir aus der Produktion des Zisterzienserklosters St. Urban in der Schweiz. Schule haben diese technischen Leistungen weder im Alpenraum noch in unserem Gebiet gemacht. Die Konsolen der Gewölbe der Kapelle werden in Stuck gearbeitet, die Kapitelle meist aus gotländischem Kalkstein, wie ja auch viele der Schmuckelemente des benachbarten Hochmeisterschlosses. Stuck wird auch wieder für den Schmuck des Portals der

Marienburg/Malbork, Marienkrönung, darunter die klugen und die törichten Jungfrauen, Nordportal der Annenkapelle, farbig gefasstes Stuckrelief

Parkentin bei Bad Doberan, Dorfkirche, am südwestlichen Pfeiler des Schiffs stehen grob geschnittene Heiligenfiguren, zwei Backsteine hoch, auf den Konsolen der Dienste. Hier sind der heilige Georg und der heilige Christophorus zu erkennen.

Annenkapelle eingesetzt, für die Grabkapelle der Hochmeister des Ordens.

Das gesamte Erscheinungsbild der Bauplastik unseres Gebietes, uneinheitlich in der Wahl der Materialien und mehr durch naiven Charme gefallend als durch künstlerische Qualität, spiegelt sich auf der Marienburg. Ein Beispiel im Westen, Kloster Ebstorf, gut 10 km südlich von Lüneburg, eines der sechs weitgehend – wie Häuser, Rathaus und Kirchen in Lüneburg selbst – in Backstein errichteten „Heideklöster“ im Umfeld der Stadt, zeigt das gleiche Bild. Neben Kapitellen und Konsolen aus Kalkstein oder Stuck, teils sogar aus Gussstein, tritt im südlichen Seitenschiff eine Reihe von fünfzehn in Ton gearbeiteten Skulpturen, zwischen 60 cm und 80 cm hoch. Neben Christus und den Aposteln treten Johannes der Täufer und der heilige Mauritius, Patron des Klosters, auf. Für dieses zentrale Thema hat man offensichtlich den hohen technischen Aufwand nicht gescheut, den der lange Vorlauf der Vorarbeiten und das Brennrisiko bedeuteten. In Uelzen, wiederum etwas weiter südlich, sind die Figuren eines Frieses mit Engeln und Apostel Petrus am Chor der Marienkirche dagegen aus zwei Platten zusammengesetzt. Damit war das Risiko eines Risses beim Brennen weitgehend ausgeschlossen.

Für das Zisterzienserkloster Dargun im Herzen des heutigen Mecklenburg-Vorpommern entstand in der gleichen vereinfachten Technik Ende des 15. Jahrhunderts ein Relief, das Maria mit Kind und einen anbetend knienden Mönch zeigt. Die Madonna, aus sechs Platten zusammengesetzt, erreicht eine Höhe von gut einem Meter, der kniende Mönch, aus drei Platten zusammengesetzt, gut 60 cm. Heute ist die Gruppe samt den mit Modeln gefertigten Schmucksteinen als Basis in der nahe gelegenen Pfarrkirche von Röcknitz untergebracht.

Näher an der Küste der Ostsee, in der kleinen Dorfkirche von Parkentin zwischen Bad Doberan und Rostock schmücken sechs knapp 30 cm hohe Figuren von populären

Heiligen, z. B. Barbara oder Christophorus, die Anfänge der Dienste am südöstlichen Pfeiler des farbenfroh geschmückten Schiffs.
In Eberswalde, nordöstlich Berlins, sind alle drei Portale der Pfarrkirche St. Maria Magdalena in der Kapitellzone mit einem aus dem getrockneten Ton geschnittenen Bildprogramm geschmückt, darunter z. B. die Passion Christi bis hin zu Auferstehung und Befreiung der Vorväter aus der Hölle Rachen. Bei der Fertigung hat das spätere Versetzen mit einer Höhe von drei Steinlagen und den zwei Fugen da-

Eberswalde, Stadtkirche St. Maria und Magdalena von Westen

Eberswalde, Stadtkirche St. Maria und Magdalena, Ziergiebel

Eberswalde, Stadtkirche St. Maria und Magdalena, skulptierte Kapitelle des Westportals, Opfer Isaaks

zwischen trotz der Schrumpfung beim Brand gut getroffen.
In Steffenshagen nahe Bad Doberan zeigt das Südportal der kleinen Dorfkirche die Apostel, ebenfalls drei Steine und zwei Fugen hoch gefertigt, voll naiven Reizes.
Das bekannteste und öffentlich auffälligste Beispiel, überlebensgroßer Tonskulpturen, ungeklärt in ihrer

Eberswalde, Stadtkirche St. Maria und Magdalena, skulptierte Kapitelle des Westportals, Christus im Garten Gethsemane und Gefangennahme Christi

Eberswalde, Stadtkirche St. Maria und Magdalena, skulptierte Kapitelle des Westportals, Anbetung der Heiligen Drei Könige

Steffenshagen bei Bad Doberan, Dorfkirche, Kapitellzone des Portals mit Petrus und Paulus

ursprünglichen Bedeutung, sind sicher die acht „Jungfrauen" am Neuen Tor der Stadtmauer von Neubrandenburg. Hielten sie bei festlichen Einzügen in die Stadt Girlanden in den ausgestreckten Händen? Skulpturen in Ton bleiben Ausnahmen, erreichen nie das Niveau, das man weiter südlich erreicht hat.

Im architektonischen Denken dagegen bringt man den Backstein seit dem hohen Mittelalter in vielfältige Formen, um dem Bedürfnis nach Repräsentation und lebendigen Formen Genüge zu tun. Die organisatorisch aufwendige Technik des Backsteinbaus führt in den ersten Generationen durch den kleinteiligen Modul, den das Material vorgibt, immer wieder zu großzügigen, meist in den Formen schlicht gehaltenen Bauten.

Die hoch entwickelte Produktionstechnik bestimmt die Grundlagen. Die Auswahl, das Mischen, evtl. das Magern des Tons mit Sand stehen dabei am Anfang im Umgang mit dem Grundmaterial, für den Erfahrung ausschlaggebend war. Dieses gut geknetete Material – frei von Luftblasen, die den Backstein beim Brand aufbrechen würden – wird dann in Formen gestrichen und vor dem Brennen lederhart getrocknet. Übrigens ist die Qualität der Backsteine in romanischer Zeit oft besser als zur Zeit der Hochkonjunktur des Backsteinbaus in der Gotik. Den Winter nutzte man, um das Material vor dem Formen durch

Steffenshagen bei Bad Doberan, Dorfkirche, Teil des Schmuckbandes am Chor mit in Formen gepressten Backsteinen

Perleberg, St. Jakobi, Kapitellzone des Portals mit teils glasierten in Formen gepressten Backsteinen

Brandenburg, Dom, Maßwerkrosetten an der Südseite des Schiffs

Frosteinwirkung noch zu verfeinern. Das beschränkte die Produktion folglich auf die warme Jahreszeit, verlangte die straffe Organisation vieler Arbeitskräfte, um die notwendige Menge an Backsteinen für große Bauten zur Verfügung zu haben. Sonderformate und -formen mussten, nicht anders als im Werksteinbau, frühzeitig entworfen und in Auftrag gegeben werden: Portalgewände, Fenstermaßwerke, Profilsteine für Gewölberücken oder Pfeiler, Formsteine für Ornamente und Figurenfriese, mit Salz- oder Bleiglasuren überzogen oder auch unglasiert.

Heilige und Fabelwesen, Maßwerk in verschiedenen Formen – berühmt für seinen Reichtum an Variationen von Maßwerkrosen, aus geschnittenen Formsteinen gefügt, ist die Kirche des Zisterzienserklosters Doberan – sind weit über unser Gebiet hinaus verbreitet. Besonders reich ist z. B. der Schmuck mit in Modeln geformten Figurenzyklen der Kirche St. Johannes der Täufer in Tartu in Estland.

Eine Sonderform sind geschnittene oder in Modeln geformte Buchstabensteine, wie sie uns bereits im 12. Jahrhundert in Bayern begegnen. Entsprechend später, mit dem Lauf der meist kriegerischen Ostkolonisation, treten sie in unserem Gebiet auf, z. B. auf den Ordensburgen Marienburg, Birglau oder Lochstedt, dort mit dem weisen Spruch: *„Mase ist zu allen dingin gut“*, aber auch am Chor der Pfarrkirche St. Jakob in der Thorner Neustadt als langes Schriftband. Überflüssiges Material hat man später am Portal der Kirche eingesetzt, ohne auf Lesbarkeit und Sinn Rücksicht zu nehmen. Umgekehrt überrascht dann die kleine Dorfkirche von Schorrentin am Kummerower See in Mecklenburg-Vorpommern mit einer Datierung aus geschnittenen und für die Versetzung nummerierten Steinen: *„Anno dni mcccxc edificata“* – erbaut im Jahre des Herrn 1390.

Das sind Sonderformen und Sonderaufgaben für die Ziegelstreicher und ihre Werkstätten, die Regel waren große Zahlen für große Bauten. Für den Bau der 1276–80 errichteten Hauptburg der Marienburg (Malbork), das spätere Hochschloss, rechnet man gut drei Millionen Backsteine. Acht Öfen waren wohl in Betrieb, in denen bei zwei Bränden im Jahr jeweils etwa 40 000 Backsteine pro Ofen bei mindestens 800 Grad gebrannt werden konnten. Ein großes Volumen Brennholz musste dafür, oft über weite Stecken, herangeholt werden. Für den Mörtel war das Brennen entsprechender Mengen Kalk erforderlich. Insgesamt ist dies eine große organisatorische Leistung, die die Fähigkeiten der Eroberer und Kolonisatoren demonstrativ vorstellte. Dass auch der Transport von Backsteinen üblich war, belegt die Tatsache, dass Backsteine aus der St.-Petri-Ziegelei in Lübeck z. B. in Skagen nachgewiesen sind, vielleicht hat man sie als handelsfähigen Ballast eingesetzt. 1409 wurden – wieder für die Marienburg – 36 000 flämische Estrichziegel von Danzig aus herantransportiert. Dennoch wird mancher Karpfenteich nahe großer Bauten ursprünglich eine Tongrube gewesen sein.

Formsteine für Portale, Fenstergewände, Pfeiler oder Rippenprofile werden aus den lederhart getrockneten, bereits geformten und

Ziesar, Portal der Burgkapelle mit reichem Schmuck aus geschnittenen Formsteinen

Lübeck, der Reichtum der Stadt spiegelt sich in der Untertrave mit der Petrikirche und den Türmen der Marienkirche dahinter.

genormten Steinen geschnitten. Der einzelne Stein hatte in der Holzform, in die der feuchte und geknetete Ton gestrichen wurde, seine Maße erhalten, die beim Brennen noch schrumpfen. Die Maße des Backsteins schwanken, steigern sich von 25–26 cm Länge, 9,5–10 cm Breite und 5–7 cm Höhe in den Anfängen zu 27–32 cm Länge, 14–16 cm Breite und 9,5–11 cm Höhe in gotischer Zeit. Auf der Marienburg z. B. wird Ende des 13. Jahrhunderts ein Format von 9 x 15 x 32 cm eingesetzt. Diese Normalsteine sind die Grundlage der Architektur.

Aufgrund ihrer geringen Größe lassen sie sich leicht zu weiten, aber dennoch durch ihre innere Struktur lebendigen Mauerflächen fügen. Die Backsteine werden längs des Mauerzuges als Läufer gesetzt oder rechtwinklig in die Wand greifend als Binder, der in das gegenüberliegende Mauerwerk der Innenseite oder in das Füllmauerwerk aus Backsteinbruch – wie er beim Brennen als Abfall anfällt – und Mörtelmasse hineingreift und so der Mauerschale Halt gibt. Im Füllmauerwerk mag dazu mancher Vorgängerbau seine Zweitverwendung gefunden haben.

Die Bezeichnungen als „gotischer“ oder „polnischer“ Verband – einem Läufer folgt ein Binder – und als „märkischer“ oder „wendischer“ Verband – zwei Läufern folgt ein Binder – sind erst spät nachweisbar.

Rhythmischer Gestaltung von Mauerflächen begegnet man immer wieder. Regelmäßig wechselnde Lagen glasierter und unglasierter Backsteine erinnern, wie gesagt, an oberitalienische Bauten wie Siena oder Orvieto. Aber das großzügige Rautenmuster, das oft weite Mauerflächen überspannt, häufiger im Osten, aus den dunklen Köpfen von Backsteinen gebildet, die höheren Temperaturen ausgesetzt waren, ist eine eigene, aus dem Material entwickelte Schmuckform.

An den mittelalterlichen Bauten werden diese Rhythmen nicht konsequent und regional unterschiedlich angewandt. Unser Blick bleibt auf die Gliederung der Architektur gerichtet. Die Wirkung bleibt. Die Bauten leben aus ihren Volumen, aus den Linien ihrer Architektur.

Hier stellt das Material dem Architekten seine Bedingungen – weniger in romanischer Zeit, wie wir noch sehen werden, sondern mehr unter dem Anspruch der Durchgliederung des Bauwerks in der Gotik. Gliederungen – ob Friese, Wimperge, Maßwerke oder Fialen, Portale, Pfeiler, Kapitelle oder Rippen der Gewölbe – müssen aus der kleinteiligen Vorgabe der Formsteine durch Reihung gefügt werden. Selten entstand eine großzügige Formensprache großformatiger Werkstücke, die in der Werkstatt der Steinstreicher nach Schablonen gefertigt, in für den Brand geeignete Stücke zerteilt und markiert und schließlich nach den Plänen des Architekten versetzt wurden. Hinrich Brunsbergs Katharinenkirche in Brandenburg ist dafür das bekannteste Beispiel.

Aus dem beschränkten Repertoire der Formsteine ergeben sich die Reihungen und Wiederholungen der Formen, im Rapport zum Ornamentteppich gesammelt, stufenförmig ins Giebelfeld gebunden. Räumliche Tiefe entsteht aus vielteiliger Abstufung der Gewände oder aus versetzt errichteten Maßwerkflächen, wie am Dom von Cammin (Kamien Pomorski), an den Prunkgiebeln von St. Marien in Neubrandenburg oder St. Marien in Prenzlau.

Der flächenbetonende Charakter, den nicht nur die Wände, sondern auch Pfeiler und Giebel, selbst die zu Teppichen oder Bändern gefügten Ornamente in den Vordergrund der Architektur stellen, ist ein Grundaspekt der Backsteinarchitektur unseres Bereichs. Dies kann – wie in Schlesien oder im Süden Frankreichs, etwa bei der Kathedrale Ste. Cécile in Albi – durchaus schärfer akzentuiert werden, gerade wenn Hausteinarchitektur als direkte Konkurrenz gesehen wird. Plastische Durchgestaltung ist für die Backsteinarchitektur ungewöhnlich, ja selten. Ende des 15. Jahrhunderts bietet der Baukomplex der Annenkirche und Bernhardkirche in Wilna (Vilnius), der Hauptstadt Litauens, dafür ein faszinierendes Beispiel. Allerdings hat der Baumeister hier ein Instrumentarium von mehr als 30 verschiedenen Formsteinen entwickeln müssen, um seine Architektur von goldschmiedeartiger Qualität und Plastizität zu verwirklichen.

DIE LANDSCHAFT – DIE GESCHICHTE

Architektur ist Ausdruck der jeweils herrschenden Verhältnisse, auch der Herrschaftsverhältnisse. Man hat sich daran gewöhnt, den komplexen historischen Vorgang, dessen Geschichte inzwischen mehr als ein Jahrtausend umspannt, der deutsche Händler und Kaufleute, Mönche, Bischöfe und Ordensritter, Handwerker und Bauern, Künstler und Architekten weit nach Osten geführt hat, als „deutsche Ostsiedlung" zu bezeichnen.
Fromme christliche Hoffnungen auf Heidenmission, fromme kaiserliche Hoffnungen auf eine hegemoniale Rolle des Deutschen Reiches, weniger fromme Hoffnungen auf Handelsgewinne in Lotterieformat, wenig fromme Hoffnungen auf Expansion von Adelsherrschaft, biedere Hoffnungen auf Existenzgründung als Handwerker oder Bauer führen im Laufe des 12. und 13. Jahrhunderts etwa eine halbe Million Menschen in den Osten. Bauern- und Bürgerfamilien, Patrizier und Adelsgeschlechter wuchsen heran, deren Vorfahren aus Flandern, Holland, Niedersachsen, Westfalen, Franken, Lothringen und anderen Regionen des Reiches kamen. Oft zogen die Nachfahren ein bis zwei Generationen später weiter nach Osten. Der Bevölkerungsüberschuss des Reiches traf auf fruchtbare Landschaften, teils dünn von Slawen besiedelt, teils sogar menschenleer. Neben noch unberührten Waldgebieten hatten christliche Kreuzzüge und der Einfall der Mongolen 1243 das Ihre dazu beigetragen, ganze Landstriche zu entvölkern.
Die Hoffnung auf Gewinn – Seelen, Seelenheil, Macht, Reichtum, Nahrung – war allen gemeinsam. Bereits 1108 waren sich die Bischöfe der Magdeburger Kirchenprovinz nicht sicher, ob das in Aussicht gestellte Seelenheil allein ausreichend Attraktion besaß: *„Die Heiden sind schlimm, aber ihr Land ist sehr gut an Fleisch, Honig, Mehl ... und Vögeln ... Daher, oh ihr Sachsen, Franken, Lothringer und Flamen, ihr berühmten Männer und Bezwinger der Welt, hier könnt Ihr eure Seelen retten und wenn es euch so gefällt, das beste Land zum Bewohnen gewinnen"* – Kreuzzugspredigt und Siedlungsaufruf in einem Atemzug. Mehr noch waren deutsche Fürsten an der Nordostgrenze des Reiches an Siedlern interessiert, aber auch an Städten, die Handel und raschen Reichtum ins Land brachten. Benachbarte slawische Fürsten griffen das Beispiel auf, riefen selbst Siedler ins Land, gründeten Städte mit deutschen Bürgern und lübischem oder magdeburgischem Stadtrecht – bis nach Wilna, Riga und Dorpat.
Besonders in den Städten, in der Adelsschicht, in geschlossenen Siedlungsgebieten hielt man an Herkunft, Gewohnheiten und Sprache fest. Die Mobilität der Kaufleute, die weiten Kavalierstouren der Adeligen sicherten den Austausch mit der alten Heimat. Das Gemeinschaftsbewusstsein bezog sich auf die Stadt, auf den Städtebund der Hanse, auf den Stand

des Adels, nicht aber auf eine Nation. Das Interesse an einem Nationalstaat ist erst ein romantischer Gedanke des frühen 19. Jahrhunderts. Er hat rasch und bis heute zu Gewalt und Terror, zu Unterdrückung und Vertreibung geführt. Die Nation bzw. der Nationalstaat waren keine politischen Ziele des Mittelalters. So begibt sich Lübeck für ein Jahrzehnt, von 1309 bis 1319, unter dänische Herrschaft. Danzig, im Bündnis mit einem Teil des Adels und fast allen Städten des Weichsellandes, erhebt sich 1454 mit dem polnischen König als Schutzherrn gegen den Deutschen Orden. Mit dessen Niederlage 1466 sichert man sich mit zäh verteidigten Privilegien seine Selbständigkeit und sein deutsches Selbstverständnis. Die Vorteile der jeweiligen Gemeinschaft wogen schwerer als jede Rücksicht auf andere Bündnisse oder gar nationale Gefühle.

Das einflussreichste Bündnis in unserem Raum war die Hanse. Ein dichtes Netz von Handelsbeziehungen überspannte, rasch wachsend, seit dem 12. Jahrhundert den Ostseeraum, bewegte den Güteraustausch zwischen England und Flandern im Westen, von Köln im Süden bis nach Nowgorod im Nordosten. Englische Wolle wurde in Flandern und in Köln zu Tuchen verarbeitet, Wein ging nach England, Getreide kam, wie Honig, Wachs und kostbare Felle, aus dem Osten. Salz aus Lüneburg konservierte die Heringe und den Stockfisch aus Skandinavien. Eisenwaren ziviler und martialischer Funktion und Bier wurden nach Osten transportiert. Das umschreibt nur die wichtigsten Waren des hanseatischen Zwischenhandels, der bei lange wachsender Bevölkerung in West und Ost, bei technischem Fortschritt im Westen und intensiver Landwirtschaft im Osten für unsere mittelalterlichen Jahrhunderte fast ständig steigende Umsätze garantierte. Auseinandersetzungen gab es immer wieder.

Schließlich griff die Hanse über vielfältige territoriale Grenzen hinweg, stellte immer wieder die Souveränität der skandinavischen Herrscher und der Fürsten im Ostseeraum durch den Anspruch auf Kontrolle von Import und Export in Frage. Schon die Kölner Englandfahrer hatten sich, neben den Hansen der Kaufleute aus flandrischen Städten, bereits im 12. Jahrhundert als erfolgreiche Verhandlungspartner des englischen Königs gezeigt. Aber auch im Gespräch mit anderen Kaufherren, mit der Stadt Nowgorod, Traumziel des Ostseehandels, werden Erfolge verbucht. Erst schließt man sich den bäuerlichen gotländischen Fahrern an, wird Partner mit Sitz in Visby auf Gotland und mit Anteil am gemeinsamen Kontor Peterhof in Nowgorod. Dann übernimmt man den mehr als lukrativen Handel ganz. Der gotländischen Genossenschaft wird 1298 die Siegelführung untersagt.

Inzwischen hatte sich ein entscheidender Wandel vollzogen: Die Hanse der Kaufleute war durch die Hanse der Städte ersetzt worden, an deren Spitze seit Ende des 13. Jahrhunderts unbestritten Lübeck stand und nun für Generationen stehen sollte. Das Schlagwort vom Wechsel der Kaufmanns-Hanse zur Städte-Hanse bezeichnet die Übernahme der Städte durch die Kaufleute, die sich ihrer einstigen Herrn, Bischöfe, Grafen oder Herzöge, auf der Basis lübischen oder magdeburgischen Stadtrechtes zu erwehren wissen. Ihre Selbständigkeit wächst. Die Zollerträge, die Abgaben am Markt, die Gewinne aus Münzprägung und Geldwechsel, die Kredite, die die Kaufherren zur Verfügung stellen können, geben ihnen die Macht nicht nur über den Handel, sondern auch in den Städten. Sie stellen die herrschende Schicht des Patriziats und damit die Mitglieder des Rates, die Bürgermeister. Schließlich gehen die Kaufherren nicht mehr selbst auf Handelsfahrt. Söhne und Vertreter in den Handelsniederlassungen erhalten diese entbehrungsreiche Aufgabe. Die Väter haben nun Zeit, neben den Geschäften auch die Geschicke ihrer Stadt zu lenken. So schließen 1241 Lübeck und Hamburg ein Bündnis gegen Straßenraub, im Jahre 1259 Lübeck, Rostock und Wismar gegen den Seeraub, zwei Jahre später Lübeck und Mecklenburg gegen Straßenraub. Das Bündnis der Städte wird verlängert, erst auf fünf Jahre und dann unbefristet, seit 1280 nennt man sich „Bund der wendischen Städte“. 1293 wird Lübeck von den norddeutschen Städten zum Vorort der deutschen Hanse gewählt. Erst 1358 wird sich der Bund als die *„Stede van der dudeschen hanse“* bezeichnen, als man Krieg gegen König Waldemar IV. Atterdag von Dänemark beschließt und diesen gewinnt. Den 1370 geschlossenen Frieden von Stralsund, der der Hanse erheblichen Einfluss auf die dänische Krone einräumt, kann man als politischen Höhepunkt in der Geschichte der Hanse ansehen. Es folgt ein Jahrhundert voller Klagen auf hohem Niveau. Schwierigkeiten hat die Hanse regelmäßig mit dem englischen König und den englischen Kaufleuten, die sich zunehmend im Ostseehandel etablieren. In Flandern kreisen Klagen und Streitigkeiten um das Kontor in Brügge. Schließlich muss man die uneingeschränkte Gerichtsbarkeit des Herzogs von Burgund anerkennen.

Auf dieser Ebene, in der Auseinandersetzung zwischen den selbstherrlichen Kaufleuten in ihren Städten und den jeweiligen Landesherren, entscheidet sich schließlich das Schicksal der Hanse. Ein kennzeichnendes Beispiel bietet die Hanse in ihren eigenen Reihen. Der Deutsche Orden ist als einziger Landesherr ebenso Mitglied des Bündnisses wie die großen Städte Ostpreußens – Danzig, Thorn, Kulm, Elbing, Braunsberg und Königsberg. Die Schlacht bei Tannenberg im Jahre 1410, die der Deutsche Orden gegen das vereinigte Polen-Litauen verlustreich verlor, leitete dessen Niedergang ein. Städte und ein Teil des Adels erhoben sich eine Generation später gegen die Ordensherrschaft, und Polens König Kasimir IV. nutzte seine Chance. Im Frieden von Thorn 1466 ging Pommerellen verloren, der Orden musste die Oberhoheit des polnischen Königs anerkennen. Die Städte Danzig, Thorn und Elbing sicherten sich als Verbündete des Königs bis über das folgende Jahrhundert hinaus ihre Privilegien, ihre deutsche Tradition, ihre Eigenständigkeit, die Zugehörigkeit zum Heiligen Römischen Reich Deutscher Nation aber war verloren, wie auch im Gefolge der großen Pestepidemie in der Mitte des 14. Jahrhunderts der Zustrom an neuen Siedlern versiegt war.

Auch in anderen Regionen des Ostseeraums treten die Territorialherren mit neuen Machtansprüchen hervor: die Herzöge von Mecklenburg, von Braunschweig-Lüneburg, der aufstrebende Kurfürst von Brandenburg, der König von Dänemark und der König von Schweden. Die politische Landschaft hat sich gewandelt. Die Kaufleute, die Patrizier der Hansestädte werden verwaltet, vereinnahmt, besteuert – sie sind keine Gesprächs- und Verhandlungspartner mehr. Lübeck und Danzig mögen ihre Selbständigkeit bewahrt haben, aber unter allen Städten unserer Architekturlandschaft entstehen nur noch in Danzig aufwendige Bauten, etwa das große Zeughaus nach der Mitte des 16. Jahrhunderts.

Der Umbruch, den die Reformation in der geistigen und geistlichen Landschaft hervorruft, beendet die Epoche des Kirchenbaus, der schon zuvor seinen Höhepunkt überschritten hatte. Die Vielzahl der Altäre, die in den Kirchen Frömmigkeit von Gilden und Bruderschaften bezeugen sollten, wird dezimiert. Oft verschwinden sie ganz. Der bunte Schmuck der Wandmalereien wird mit weißer Tünche überzogen, die die klaren Linien der Architektur betont.

Die Reformation kam nicht unangekündigt. Spannungen zwischen geldgierigem Klerus und empörter Bürgerschaft waren nichts Ungewöhnliches. In Stralsund z. B. fordert der Archidiakon Konrad Bonow 1407 den Rat auf, den Bürgern höhere Opfergaben abzuverlangen. Nachdem der Rat dies ablehnt, zieht Bonow bewaffnet vor Stralsund, tötet Bürger, zündet Häuser und Buden an, treibt weidendes Vieh fort. Die Stralsunder nehmen Rache an den Geistlichen: Mehr als ein Dutzend wird gefangen genommen, drei Geistliche verbrennt man in Lynchjustiz auf dem Neuen Markt. Der Bischof von Schwerin verhängt Bann und Interdikt über die Stadt. Erst 1409 gelingt es, den Konflikt beizulegen. Eine Sühnekapelle, St. Apollonien, muss gebaut werden. Sie erinnert noch heute neben der Marienkirche an die hasserfüllten, blutigen Auseinandersetzungen, die einen Graben zwischen der persönlichen Frömmigkeit der Bürger und der Kirche entstehen ließen. Andere Sühnegelder finden am Dom von Schwerin Verwendung: *„Na dem jare Christi dusent veerhundert sosstein dit wölffie ys vollenbracht mit den penningen de de Sundeschen geven tho der sone der dreer prester, dede se unminschliken und unschuldich vorbrennen laten up eren markede.“* (So konnte dies Gewölbe im Jahre 1416 mit dem Geld vollendet werden, das die Stralsunder als Sühne für die drei Priester gegeben haben, die sie unmenschlich und unschuldig auf ihrem Markt verbrennen ließen.) Alle – Bauern und Bürger, Klöster, Stifte und Spitäler, Pfarrer, Bischöfe und Fürsten – waren auf die Baumaterialien angewiesen, die die weiten, manchmal eintönigen, manchmal unruhigen Landschaften zwischen Elbe und Weichsel sowie noch jenseits der letzteren bereitstellten. Abgesehen vom Kalkstein der Klippen bei Bad Segeberg oder auf Rügen, die in die Kunstgeschichte eingegangen sind, bietet diese von der letzten Eiszeit geprägte Land-

Kloster Jerichow, Fassade

schaft Feldsteine, Sand und Ton. Weite Sandflächen, die die Schmelzwasser der Eiszeit ausgebreitet haben, wechseln mit sumpfigen Urstromtälern, in denen diese Wasser abflossen. Grund- und Stauchmoränen am Eisrand enthalten die vom Eis aus Skandinavien transportierten und zermahlenen Granite. Seen füllen die tiefen Rinnen, die das Eis schuf. Der feine Staub, aus Sandflächen und Geschiebe herausgeweht, lagert sich als fruchtbarer Löß, als Börde, weiter südlich ab. Es ist eine oft herbe Landschaft, eine Herausforderung an die Bauern und Bauherrn, an den Verkehr zu Lande und zu Wasser.

Der schwere „deutsche“ Pflug, den die Siedler bei ihrem Zug nach Osten mitbrachten, der höhere Erträge und die Bearbeitung schwerer Böden ermöglichte, wird oft auf Feldsteine getroffen sein. Granit in Kopfgröße und größer, vielfarbig und vom Transport gerundet, verwendete man in den ersten Steinbauten; aus dem gerundeten Material wurden mehr oder weniger perfekte Quader oder Würfel. Kleine Dorfkirchen wurden auch nach Einführung der Backsteinfertigung aus diesem direkt verfügbaren Material gebaut. Die Feldsteine hat man wegen der Wasserundurchlässigkeit bevorzugt als Grundmauerwerk eingesetzt, und auch für Stadtmauern greift man im späten Mittelalter auf ihre Solidität zurück. Noch heute ist das Kopfsteinpflaster ein Akzent im Bild der historischen Städte und Landschaften, der kostbare Erinnerungen bewahrt.

DIE ROMANISCHEN UND FRÜHGOTISCHEN ANFÄNGE

Kloster Jerichow

Jerichow liegt nur wenige Kilometer östlich der Elbe, eine Tagesreise zu Wasser, zwei Tagesreisen zu Pferd von Magdeburg entfernt. Dort plante man seit dem großen Slawenaufstand des Jahres 983 die Wiedererrichtung der Suffraganbistümer Merseburg, Zeitz und Meißen im Land der Sorben, Havelberg und Brandenburg im Land der Wilzen und Heveller. Die Herrschaft der Markgrafen, eine Generation zuvor unter Kaiser Otto I. eingerichtet, brach unter dem Ansturm der heidnischen Stämme zusammen. Für mehr als ein Jahrhundert wurden Elbe und Saale zur Grenze, an der die Mission nur langsam Boden gewinnen konnte. So lag immer wieder der Gedanke an Kreuzzüge in der Luft. Bernhard von Clairvaux verkündete am 13. März 1147 auf dem Reichstag in Frankfurt am Main, ein Kreuzzug in den Norden, gegen die Slawen, sei ebenso gottgefällig wie die Befreiung der heiligen Stätten Jerusalems, zu denen der Westen Europas eben im zweiten Kreuzzug aufgebrochen war. Zwei Heere, zusammen 100 000 Mann stark, zogen unter Markgraf Albrecht dem Bären und Herzog Heinrich dem Löwen über die Elbe. Beide Heere waren siegreich, die christliche Mission von ebenso oberflächlichem wie flächendeckendem Erfolg. Selbst Niklot, Fürst von Mecklenburg, ließ sich taufen und sicherte seinen Nachkommen das Herzogtum Mecklenburg.

Graf Hartwig von Stade, Kanoniker des Magdeburger Domkapitels und Dompropst in Bremen, vermachte die Pfarrkirche vor seiner Burg Jerichow mit ihren Gütern dem Domstift Havelberg zur Gründung eines

rechts: Kloster Jerichow, Grundriss

unten: Kloster Jerichow, aus Backsteinen gemauertes, aber vom Steinmetz überarbeitetes Kapitell mit ornamentierter Kalksteinplatte als Abschluss

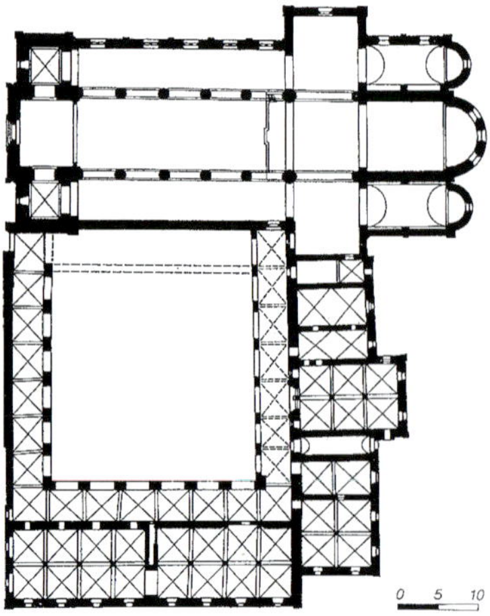

Kloster Jerichow, Blick ins Schiff nach Osten, in Krypta und Chor

Prämonstratenserstifts. Sein Bruder, Graf Rudolf II. von Stade, war 1144 gestorben, und der Gründer des Prämonstratenserordens, Norbert von Xanten, von 1126 bis zu seinem Tode 1134 Erzbischof von Magdeburg, hatte dort 1129 das Liebfrauenstift von Prämonstratensern übernehmen lassen. So standen eine Erbschaft zur Verfügung und ein aufstrebender Orden bereit. Der gesamte Eigenbesitz der Stader Grafen gelangte in die Hände des Erzbistums Magdeburg. 1148, ein Jahr nach dem „Wendenkreuzzug" wurde das Stift *„wegen des Lärms des Marktvolkes"* vor die Stadt verlegt. In dieser Zeit liegt auch der Baubeginn der Klosterkirche.

Die überraschende, das Land erschütternde Welle von Gewalt, die die Bevölkerung teils vernichtete, teils einschüchterte, ist sowohl für die Baugeschichte des Klosters Jerichow wie auch für die Einführung der Backsteinarchitektur von Bedeutung. Jerichow tritt uns mit Grauwackemauerwerk bei Schiff, Querhaus und Chor bis zu etwa einem Meter Höhe entgegen, zeigt keine Verwendung von Feldsteinen, wie später üblich, um sich gegen das Grundwasser zu sichern. Bei Plötzky steht das Material an, das man bereits 1114 für den Bau von St. Peter in Leitzkau genutzt hatte; offenbar stand es nach der Errichtung der Grundmauern für den anspruchsvollen Klosterbau nicht mehr zur Verfügung, fand wohl Einsatz für den Bau des Domes von Havelberg, der nun ebenfalls – mit einem Prämonstratensermönch als Bischof und Bauherrn – in Angriff genommen wird.

Verständlich, dass hier, am frühesten datierten Bau der Backsteinar-

chitektur in unserem Bereich, immer wieder die Diskussionen ansetzen. Ein einfacher, aber nicht überzeugender Ansatz bestreitet jeweils den Bezug der Nachrichten über das Kloster zum heute erhaltenen Bau. Doch Erzbischof Wichmann von Magdeburg, der 1172 auf bereits bestehende Bauten verweist, wird kaum 1178 stolz seine frühere finanzielle Unterstützung betont haben, wenn er dabei eine Holzkirche vor Augen hatte.
Mit unserer Datierung ist zugleich eine Entscheidung über die Vorstellung verbunden, woher die Technik der Backsteinbaukunst in unsere Region gekommen ist.
Seit der Mitte des 19. Jahrhunderts wird dafür auf Oberitalien verwiesen, sicher zu Recht. Dort ist in der weiten Poebene, ohne anstehendes Gestein, die römische Tradition überliefert und fortgeführt worden. Zu Beginn des 12. Jahrhunderts arbeitete man hier mit den Formen und Techniken, die uns in Jerichow und an verwandten Bauten wieder begegnen. Oberitalienische Bauleute waren wie ihre Kollegen aus Süditalien als Trupps von Wanderarbeitern unterwegs, oft zur Zufriedenheit der Bauherren, aber wir hören auch Klagen über Betrügereien. So waren sie bereits Ende des 11. Jahrhunderts am Dom zu Speyer beteiligt und wieder am gleichfalls kaiserlichen Bauauftrag der Benediktiner-Klosterkirche St. Peter und Paul in Königslutter, deren Grundstein 1135 in Gegenwart Kaiser Lothars III. und seiner Gemahlin Richeza gelegt wurde.
Abgesehen von den Italienern, die ihre Kenntnisse mitgebracht hatten, begegneten die Bauherren selbst, geistliche wie weltliche, auf ihren Reisen den aktuellen Bauarbeiten und Bauten in Oberitalien, konnten Anregungen aufnehmen und Bauleute anwerben. Deutliche Erinnerungen an Oberitalien bieten in Jerichow die ursprünglich farbig glasierten Tonschüsseln, die zwischen den Fenstern der Apsis in die Wand eingelassen sind. Die Abtei Pomposa ist vielleicht das prächtigste oberitalienische Vorbild dafür. Aber auch in Pavia werden Kirchen damit geschmückt, trifft man außerdem

Kloster Jerichow, in die drei Nischen über dem gemauerten Bogen des Westportals mit dekorativem Farbwechsel im Rundstab sind drei spätgotische glasierte Bildplatten eingesetzt.

auf polygonale Stäbe, wie an der Apsis von Jerichow und auf flach gewölbte Formsteine für die Rundung der Apsisfenster, auf runde Formsteine für den das Fenster begleitenden Stab, frei neben das Mauerwerk gestellt. Natürlich erscheinen auch der Kreuzbogenfries und das Stromband aus diagonal vermauerten Backsteinen unter dem Dachansatz. Im Innenraum treffen wir auf aus dem Würfel herausgearbeitete Kapitelle, wie im in Backstein errichteten Dom zu Modena. Dessen zum Schiff geöffnete Krypta könnte durchaus ein Vorbild gewesen sein für die nachträglich eingefügten Krypten in Jerichow, in der Liebfrauenkirche zu Magdeburg und überdies auch im Dom zu Brandenburg.

Am Grauwackesockel lassen sich die Planungen der ersten Bauphase in Jerichow ablesen. Die Nebenchöre gehören wie die Krypta in Vierung und Chor zur zweiten Bauphase um 1200. Damals wurden sorgfältig und vorsichtig auch die Fenster für die Krypta eingefügt. Wieder eine Generation später hat man das Schiff um ein Joch verlängert, statt der Rundpfeiler aus Backsteinen wird hier ein kreuzförmiger Pfeiler aus der ehemaligen Westwand herausgearbeitet. Das Steinformat ist jetzt deutlich größer. Der zum Schiff offene Westbau verlängert den Raum zusätzlich. Erst in der zweiten Hälfte des 15. Jahrhunderts wird der Westbau über die Höhe des Schiffes hinaus hochgeführt. Das Westportal schmücken drei Nischen mit Figurenreliefs aus glasierter Keramik: zwei Bischöfe begleiten Maria.

Kloster Jerichow, die Backsteine des Bogens des Nordportals sind wie in Oberitalien geschliffen und fast fugenlos versetzt.

Die ruhigen, einfachen Formen des Baus geben kein Zeichen von den wechselnden Planungen der einzelnen Bauperioden. Der Grundriss wird vom Maß der Vierung bestimmt. Chorjoch, Querhäuser – durch die später eingefügte Krypta in eigenständige Räume verwandelt – und die Joche des Hauptschiffs entsprechen diesem Maß; es wird im gebundenen System mit halbierter Größe von den Seitenschiffen aufgenommen. So entsprechen Grundriss und die schlichten Grundformen dem Formeninventar der sächsischen Romanik, in vielem dem ursprünglichen Bau von Liebfrauen in Magdeburg, seit 1129 Prämonstratenserstift, vergleichbar, aus dem 1144 die ersten Mönche für Jerichow kamen. Zu diesem Zeitpunkt ist auch die Kirche des Magdeburger Mutterklosters noch eine flachgedeckte Säulenbasilika ohne Nebenchöre. Die Entsprechungen reichen bis zu den schmucklosen, leicht konischen Würfelkapitellen, die in Jerichow immerhin teils profilierte, teils mit Ornamentbändern versehene Kämpferplatten erhalten. Die Kapitelle selbst erinnern in der nachträglichen Bearbeitung der Backsteine mit

Hammer und Meißel, die scharfe Grate zur Akzentuierung hervorbringt, einmal mehr an den Dom zu Modena. Prunkvoller werden erst die Werksteinsäulen und die Kapitelle der nachträglich eingefügten Krypta.

Der farbige Schmuck des Innenraumes scheint sich, wie es – nach langer Verwahrlosung und Missbrauch – die Restaurierung unter Ferdinand von Quast Mitte des 19. Jahrhunderts zum Teil rekonstruiert hat, auf ein Apsisfresko und die Marmorimitation der Arkaden und Vierungsbögen beschränkt zu haben. Die weiten Flächen des Backsteins, denen kein Rhythmus im Verlegen von Läufern und Bindern ornamentale Gestaltung verleiht, waren und sind wieder mit roter Ziegelfarbe überzogen, die Fugenstriche, wie auch die Putzmedaillons über den Rundpfeilern, werden weiß betont.

Die Prämonstratenser besetzen schließlich, vom Liebfrauenkloster in Magdeburg ausgehend, etwa 20 Klöster in der sächsischen Ordensprovinz. Dazu gehören als Glanzlichter im Einflussbereich der Weißen Chorherren auch die Domstifte von Brandenburg, Havelberg und Ratzeburg. Das führte allerdings kaum zu Gemeinsamkeiten in den Bauvorstellungen, weder im Ursprungsland des Ordens, Frankreich, noch in den von Magdeburg ausgehenden Gründungen. In Havelberg hatte nach dem „Wendenkreuzzug" des Jahres 1147 der bereits 1129 geweihte Bischof Anselm, Mitarbeiter des Ordensgründers und Magdeburger Erzbischofs Norbert von Xanten, seinen im 10. Jahrhundert gegründeten Sitz erstmals betreten.

Der Dom zu Ratzeburg

Auch in Ratzeburg war ein Bistum bereits kurz vor dem großen Slawenaufstand 1066 gegründet worden. Hier hatte sich Heinrich der Löwe das Recht gesichert, den Bischof zu bestimmen. Seine Wahl fiel für die Erstbesetzung nach fast einem Jahrhundert auf Evermod, Propst des uns ja bereits geläufigen Prämonstratenserstifts Liebfrauen in Magdeburg. Als dieser 1178 starb, war der Bau des Ratzeburger Domes bereits so weit fortgeschritten, dass Evermods Grab im südlichen Querhaus Platz fand.

Die ruhige Klarheit im heutigen Erscheinungsbild der Architektur des Ratzeburger Domes, Maria und dem Evangelisten Johannes geweiht, am hohen Nordende der Inselstadt gelegen, täuscht über die unruhige Entwicklung des Baus hinweg. Mehrfach restauriert, zuletzt 1954–66, erscheint er heute fast geschlossen in der Konzeption. Ein Blick auf die Apsis des Chores zeigt aber bereits, dass Lisenen unvermittelt von den großen Fenstern überschnitten werden, die nach 1173 das Vorbild des Braunschweiger Domes aufnehmen. Der nach dessen Muster erhöhte

Ratzeburg, Dom, Riffelung als nachträgliche Oberflächenbearbeitung an Backsteinen des Chores

Ratzeburg, Dom von Süden

Fußboden des Chores ist inzwischen wieder auf das ursprüngliche Niveau abgesenkt worden. Die Fortführung des Schiffs nach Westen spiegelt sich in den wechselnden Formen der Pfeiler. Die Mitte des Schiffs wird mit Dreiviertelstäben betont, die die Kanten der Pfeiler umschließen. Vorbilder dafür bietet die dänische Backsteinarchitektur, daher die Bezeichnung „dänische" Kante. Im Osten begegnet man der „sächsischen" Kante, die als Viertelstab in den Umriss des Pfeilers eingefügt ist. Im Westen wird die am Ende des 12. Jahrhunderts entwickelte „lübische" Kante zum lebendigen Akzent – ein halbrunder Stab, von einer akzentuierenden zweiten Kante begleitet, bewegt die solchermaßen plastisch gestaltete Architektur.

Die südliche Vorhalle des zu Beginn des 13. Jahrhunderts vollendeten Westbaus, über die man das Innere des Domes betritt, erhält durch einen zentralen Pfeiler ihren auch optischen Mittelpunkt. Vier Halbsäulen, durch eingestellte Rundstäbe ge-

Ratzeburg, Dom, Innenansicht

Brandenburg, Nikolaikirche, Blick nach Osten ins Schiff der frühesten Kirche der Stadt mit noch flacher Holzdecke

trennt, aus wechselnden Schichten glasierter und unglasierter Formsteine gefügt, erinnern an oberitalienische Architekturmotive, die auch außen zur Gestaltung des Giebels beigetragen haben.

Auf den Spuren romanischer Backsteinarchitektur: Brandenburg, Schwerin, Lübeck und Bad Segeberg

Die feierliche Grundsteinlegung für den Dom zu Brandenburg, der dritte mit einem Domkapitel von Prämonstratensern, erfolgte am 11. Oktober 1165. Damit war die Rückkehr christlicher Herrschaft nach dem Slawenaufstand von 983 demonstrativ besiegelt. Bereits 1173 konnte Markgräfin Judith, die erste Gemahlin Ottos I., in der zum Schiff geöffneten Krypta begraben werden. So gehört auch der später erheblich veränderte Bau zu den ersten Backsteinbauten unserer Region. In diesen Jahren entstehen auch der Dom zu Schwerin und als erster Großbau der zukünftigen Hansemetropole der Dom zu Lübeck. In Schwerin hat man Ende des 19. Jahrhunderts den spätromanischen Westturm durch eine neugotische Lösung ersetzt und damit die letzten Spuren des romanischen Baus vernichtet. In Lübeck hingegen ist der romanische Bau als Kern erkennbar. Die Giebel der Querhäuser und die Doppelturmfassade bieten noch einen Hinweis auf die sächsischen Einflüsse – erinnert sei hier an die Neugründung der Stadt durch Heinrich den Löwen. Darüber hinaus kann man westfälischen Vor-

Brandenburg, Nikolaikirche, der Chor zeigt wie das Schiff frühe romanische Formen der Backsteinarchitektur. Außen erinnern am Chor halbrunde Vorlagen an den Dom von Ratzeburg.

Altenkrempe in der Nähe von Neustadt in Holstein, die dreischiffige Basilika des frühen 13. Jahrhunderts ist ein Bespiel der raschen Ausbreitung der Backsteinarchitektur.

bildern, entsprechend der Herkunft der ersten Siedler Lübecks, ebenso nachgehen wie rheinischen. Hierfür steht, nach den Kriegszerstörungen erneuert, die Vorhalle vor dem nördlichen Querhaus. Sie vermittelt, in Backstein umgesetzt, Erinnerungen an die rheinische Herkunft der Siedler in der geplanten Großstadt, auf deren vielfältige Backsteinarchitektur wir noch mehrfach zurückkommen werden.
Auch vom frühen Bau der Kirche des Augustinerchorherrenstifts St. Maria und St. Johannes Ev. in Bad Segeberg bezeugt nur noch der Innenraum die früheste Gewölbearchitektur in Backstein. Die äußere Erscheinung hat im 18. und erneut im historisierenden späten 19. Jahrhundert erhebliche Veränderungen erfahren. Der als Festungsstützpunkt wichtige Gipsfelsen, heute Kulisse der Karl-

rechts: Vietlübbe bei Gadebusch, die um 1220/30 errichtete Dorfkirche

unten: Vietlübbe bei Gadebusch, Kapitell aus nachträglich bearbeiteten Backsteinen

Kloster Lehnin, Chor der Klosterkirche von Süden

Kloster Lehnin, verkieselter Holzstamm in den Stufen des Chores der Klosterkirche

Kloster Lehnin, Grundriss der Klosterkirche

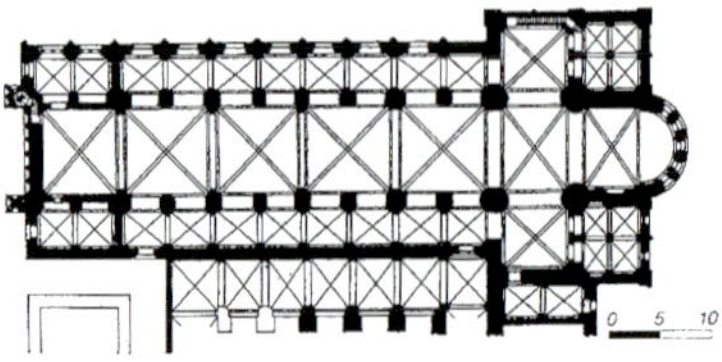

May-Festspiele, war früh zum Brückenkopf für Kolonisierung und Missionierung Wagriens geworden. 1156 konnten die Augustinerchorherren, wenige Jahre zuvor von den Wenden vertrieben, an ihren Sitz zurückkehren und mit dem Bau der Kirche beginnen. Von Osten her ist die Vierung als Maßstab der Architektur für Chorraum und Schiff ablesbar. Der Zwischenpfeiler des östlichen Jochs, über dreifach gestuftem Sockel hochgeführt, wirkt wie aus drei, vier runden Pfeilern zusammengestetzt. Gipsstuck dient als Kapitell. Nach Westen nehmen Rundpfeiler seine Stelle ein, schließlich ersetzt im westlichen Joch Backstein – wie in Jerichow – den Gipsstuck des Kapitells. Anfang des 13. Jahrhunderts war der Bau vollendet.

Kloster Lehnin

Die Kirche St. Marien des ehemaligen Zisterzienserklosters Lehnin ist trotz oder gerade wegen der mehrfachen Änderung der Baupläne und erheblicher Rekonstruktionen des späten 19. Jahrhunderts eine Attraktion. Markgraf Otto I. von Brandenburg, der Sohn Albrechts des Bären, des Gründers des Hauses der Grafen von Askanien, stiftet das Kloster im Jahr 1180. Das Generalkapitel der Zisterzienser zu Citeaux bestätigt die Gründung 1182. Ein Jahr später sind die Vorbereitungen so weit gediehen, dass der Konvent aus Sittichenbach bei Eisleben einziehen kann.

Die Bauarbeiten für die Klosterkirche haben im Osten begonnen. Über dem Feldsteinsockel wird eine Apsis mit vorerst nur einer Fensterreihe er-

richtet. In den Stufen der Apsis ist ein kräftiges Stück „verkieselten“ Holzes sichtbar, ein Überrest des einst heidnischen Heiligtums an dieser Stelle? Immerhin ist der erste Abt des Klosters, Sibold, noch einem heidnischen Mordanschlag zum Opfer gefallen. Vierung und Querhaus lassen durch die Höhe der Halbsäulenvorlagen am Vierungspfeiler, mit Kapitellen wie wir sie aus Jerichow kennen, noch auf die ursprünglich geplante geringe Höhe schließen. Hier und an der Gestaltung mancher Details der Nebenchöre ist die Arbeit der Backsteinbauhütte, die mit der Klosterkirche von Jerichow ihre Arbeit begonnen hatte, zu erkennen.
Bald muss man sich für eine Einwölbung statt einer flachen Decke und dabei größerer Höhe entschieden ha-

Kloster Lehnin, Westfassade der Klosterkirche

Kloster Lehnin, Mittelstütze des nördlichen Nebenraums des Chores mit gemauertem und nachträglich behauenen Kapitell

Kloster Lehnin, Riffelung an einem Backstein eines Pfeilers der Südseite des Schiffs der Klosterkirche

ben. Auffälligstes Ergebnis des Planwechsels ist die zweite Fensterreihe der Apsis – zu dieser Zeit nicht ungewöhnlich, vergleichbar mit St. Kunibert in Köln oder den Planungen für St. Elisabeth in Marburg. Lebendige Bewegung erzeugt die zweite Fensterreihe erzeugt die zunehmende Verschiebung der Fensterachsen nach außen. Bei gleicher Fenstergröße und gleichem Abstand bewirken die um einen Rundstab ergänzten Fensterlaibungen der oberen Reihe diese optische Bewegung. Doppelgeschossig werden nun auch die Seitenkapellen angelegt, die Zahl der Altäre für die Priester unter den Mönchen wird so vermehrt, ein Zeichen auch für den wirtschaftlichen Erfolg des ersten Hausklosters der Askanier.

Schiff und Westfassade werden in den nächsten beiden Anläufen von insgesamt vier Bauphasen nach der Mitte des 13. Jahrhunderts vollendet. Jenseits des ersten östlichen Jochs des Schiffes ändert sich die Formensprache deutlich. Hier stand die Chorschranke oder der Lettner und trennte den Chorraum der Mönche vom Rest des Schiffes mit

Kloster Lehnin, Blick nach Westen ins südliche Seitenschiff der Klosterkirche

Kloster Lehnin, Blick nach Westen ins südliche Seitenschiff der Klosterkirche

dem Kreuzaltar fürs Volk davor ab. Von hier ab treten gotische Spitzbögen an die Stelle romanischer Formen. Blendmaßwerk und ebenfalls zwei Fensterreihen werden für die Westfassade – ohne Portal – zwischen zwei Pfeiler gespannt, wobei der nördliche Pfeiler zugleich als Treppenturm dient. Die Westfassade ist wie die äußeren Wände der Seitenschiffe und die Gewölbe des Schiffs erst Ende des 19. Jahrhunderts rekonstruiert worden und vermittelt so wohl mehr an kühler Präzision als ursprünglich gegeben.

Kloster Lehnin, Blick nach Westen ins Schiff der Klosterkirche

Kloster Lehnin, Blick ins Schiff in Richtung Chor

UNTER DÄNISCHER HERRSCHAFT

Rings um die Ostsee sind die Grenzen und Herrschaftsbereiche für Jahrhunderte umstritten. Lange versuchen die dänischen Könige ganz Skandinavien ihrer Krone zu unterwerfen. Bis 1814 ist Norwegen seit Mitte des 14. Jahrhunderts mit Dänemark vereint. Seit 1389 ist Königin Margarete von Dänemark und Norwegen auch Königin von Schweden. Ihrem Großneffen Erich von Pommern verschafft sie in der „Kalmarischen Union" von 1397 die Krone der nun bis 1523 vereinigt sollenden drei Königreiche Skandinaviens.

Unter dem Gesichtspunkt der Backsteinarchitekturgeschichte sind diese fließenden und wechselnden Grenzen, die auch das Herzogtum Schleswig und die Grafschaft Holstein einbeziehen und auch die noch slawisch beherrschte Insel Rügen, Zeichen für wechselnde Einflüsse, Hinweis auf wechselnde Bauherren und sich oft neu formierende Herrschaftssysteme.

Die Epoche dänischer Großmachtansprüche beginnt mit Waldemar I. (1157–1182), dem Großen, der noch 1162 Dänemark als Lehen, als Teil des deutschen Kaiserreiches, aus der Hand Kaiser Barbarossas annimmt. Er aber gibt auch den Auftrag, das Danewerk mit Backsteinmauerwerk zu verstärken. Ein Geflecht von Wällen und Gräben, gewachsen seit der Mitte des 7. Jahrhunderts, schützte die dänische Halbinsel ebenso vor slawischen Angriffen wie vor dem Vordringen des Kaiserreiches. Insgesamt sind im Laufe der Jahrhunderte hier gut 30 km Befestigung angelegt worden. Die „Waldemarsmauer" mit einer Höhe von 7m und einer Brei-

Kaloundborg, Marienkirche

te von 2 m auf gut 10 km Länge erzählt von einer produktionstechnischen Großleistung in der Herstellung von Backsteinen, die im Zeitalter hochgerüsteter Ritterheere bald ihre militärische Bedeutung verlieren sollte.
Die für uns gewohnte Verwendung von Backstein für Kirchenbauten kommt dabei unter dänischer Herrschaft nicht aber zu kurz. So entstehen ab etwa 1160 in Ringsted St. Bendt (Benediktus) und im nahe gelegenen Sorø die Zisterzienserklosterkirchen als romanische Backsteinbasiliken. Ungewöhnlich ist für unsere Augen die um 1170 begonnene Marienkirche in Kalundborg: Selbst unter den Zentralbauten Bornholms ragt Kalundborgs Marienkirche mit hohem Turm im Zentrum und vier fast ebenso hohen Türmen über den Enden der sich kreuzenden Schiffe heraus. Die Kathedrale zu Roskilde, bis 1416 Residenz der dänischen Könige, wird unter Bischof Absalon, später Erzbischof von Lund, als Nachfolger eines romanischen Tuffsteinbaus um 1170 noch in Feldstein begonnen und unter seinem Nachfolger Peder Sunesøn ab 1193 in Backstein in gotischen Formen fortgesetzt. Ab etwa 1200 folgt Løgumkloster in „bernhardinischem Plan“ und strengen zisterziensischen Formen in Backstein, ebenso in Backstein ist der Dom zu Aarhus auf Jütland ausgeführt. Jenseits des Sunds im heute schwedischen Malmö wird Anfang des 14. Jahrhunderts St. Peter in klaren gotischen Formen errichtet. Im finnischen Turku wird seit Mitte des 13. Jahrhunderts unter schwedischer Herrschaft die Kathedrale in Backstein erbaut, ebenso im schwedischen Uppsala ab 1273 der Dom. Stockholms älteste Kirche die Storkyrkan, St. Niko-

Roskilde, Kathedrale

Roskilde, Kathedrale, Innenansicht

laus, begonnen im 13. Jahrhundert und 1468–1496 erneuert, bietet ebenso perfekte Backsteingotik. Das Vorbild der Marienkirche in Lübeck ist immer wieder einmal zu erkennen, aber Backstein ist in den skandinavischen Landschaften nur ein Baumaterial neben anderen.

St. Marien in Bergen auf Rügen

Während sich in Lehnin sächsische Einflüsse und mit der „lübischen" Kante der westlichen Pfeiler auch bereits Einflüsse Lübecks bemerkbar machen, reicht dänische Herrschaft zu dieser Zeit über die Ostsee nach Rügen. Trotz ihrer komplexen Baugeschichte und heftiger Restaurierung um 1900 hat St. Marien in Bergen auf Rügen, Deutschlands größter Insel, viel zu bieten. Das Thema Backsteinarchitektur hat man, wie bereits erwähnt, im dänischen Königreich früh nach der Mitte des 12. Jahrhunderts aufgenommen und eigenständig entwickelt. Mit der Zerstörung des slawischen Heiligtums in der Jaromarsburg Arkona 1168 brach der heidnische Widerstand auf Rügen zusammen. König Waldemar I. von Dänemark wird zum Oberherren, die geistliche Hut legt Papst Alexander III. in die Hände Bischof Absalons von Roskilde. Fürst Jaromar, der erste christliche Herr der Insel, ruft 1193 Nonnen aus Roskilde an die von ihm erbaute und von Bischof Peter von Roskilde geweihte Klosterkirche in Bergen. Jaromar folgt dem Vorbild seines dänischen Königs in Ringsted mit großzügiger Finanzierung, möglichst aus Mitteln, die ihm treuhänderisch anvertraut waren. Fürs Seelenheil war das allemal gut.
Das Schiff des romanischen Baus, von dänischen Werkleuten unter dänischer Leitung errichtet, ist in der zweiten Hälfte des 15. Jahrhunderts in eine spätgotische Halle verwandelt worden. Das Erdgeschoss des Westriegels des frühen 13. Jahrhunderts, Vierung, Querhaus und Chorjoch – mit gotisch erneuerter Apsis – bieten bis in die Farbfassung der Architektur und die Fresken der Wände und Gewölbe mit Themen vom Paradies bis zum Jüngsten Gericht, das der

St. Marien in Bergen auf Rügen

gotischen Apsis weichen müsste, ein prächtig leuchtendes Beispiel dänischer romanischer Backsteinarchitektur. Deutlich ist das Vorbild von Ringsted an Grundriss und Details ablesbar. Die Fundamente der beiden schmaleren Nebenapsiden sind durch Grabungen nachgewiesen und die klassische attische Basis über dem erst vor wenigen Jahren wieder freigelegten Feldsteinsockel mit Schräge, Wulst, Kehle, Wulst und wieder Schräge ist eine perfekte Kopie des Vorbildes. Dänisch beeinflusst ist auch die Gestaltung der Giebeldreiecke, besonders des Südgiebels des Querhauses mit seinem Sägeschnittfeld aus diagonal gesetzten Backsteinen über einem Trapezfeld mit Fischgrätmuster. Im Inneren zeugen die hohen, kelchförmig geschwungenen Kapitelle wie das Konzept der schmalen, querrechteckigen Joche von diesem dänischen Hintergrund der Planung und der Formen.

Kloster Eldena

Eine andere Abteikirche, die des von dänischen Zisterziensern gegründeten Klosters Eldena, blickt auf ein ruhmreiches Schicksal als Ruine zurück. Reformation, Verfall und Nutzung als Steinbruch machten sie zu der Ruine der Romantik, die wir aus Caspar David Friedrichs Zeichnungen und Gemälden kennen. Diese Begeisterung für die Ruine Eldena vor den Toren des heimatlichen Greifswald führte 1827 zur Sicherung der Baureste und einer Bepflanzung des Geländes nach dem Konzept des großen Gartenbaumeisters Peter Joseph Lenne.

Ruine der Klosterkirche Eldena von Südwesten

Bereits 1172 hatten dänische Zisterzienser aus Esrom im weiter südlich gelegenen Dargun ein Kloster gegründet, waren aber wieder vertrieben worden. Sie fanden 1199 Schutz bei Jaromar I., den wir bereits als Fürsten von Rügen kennen gelernt haben. Er verbrieft den Mönchen 1207 beachtlichen Landbesitz. Die Ortswahl ist nun erfolgreich. Greifswald entsteht als Stadt vor den Toren des Klosters und erhält 1248/50 lübisches Stadtrecht. Zu diesem Zeitpunkt sind die Ostteile der Kirche mit dem ersten, noch quadratischen Joch vollendet. Schiff und Westfassade – ursprünglich ohne Zugang – werden erst um 1400 errichtet.

Die Spuren von Zerstörung und Abbruch, heute von Grünanlagen gerahmt, ermöglichen Einblicke in Konstruktion und Mauertechnik, die auch jenseits des immer noch präsenten Charmes der Ruinenromantik faszinieren.

ARCHITEKTUR ALS HERRSCHAFTS-ZEICHEN – KLOSTER CHORIN

Seit 1258 mussten sich die Brüder Otto III. und Johann I. aus dem Hause Askanien die Herrschaft über die Mark Brandenburg teilen. Im Herrschaftsbereich Ottos III. verblieb Lehnin als Hauskloster und Familienbegräbnisstätte. Auf einer Insel im Parsteiner See gründete Johann I. nun sein eigenes Familienkloster, besetzt mit Zisterziensern aus – natürlich – Lehnin. Lange hielten es die Mönche dort nicht aus. 1272 beschlossen sie mit Genehmigung des Nachfolgers Markgraf Otto IV. (1266–1308), *„wegen der vielen, für Gottesdiener höchst lästigen Unzuträglichkeiten ... an einen am See Koryn gelegenen Ort“* umzusiedeln. Markgraf Otto IV. war als Kurfürst, Reichkämmerer und oberster Landfriedensrichter in Sachsen politisch erfolgreich und als Minnesänger auch anerkannter Autor. Kurz nach seinem Tode erhält er Bild und Raum für Gedichte in der Züricher Manessischen Handschrift.

Chorin, Grundiss des Klosters

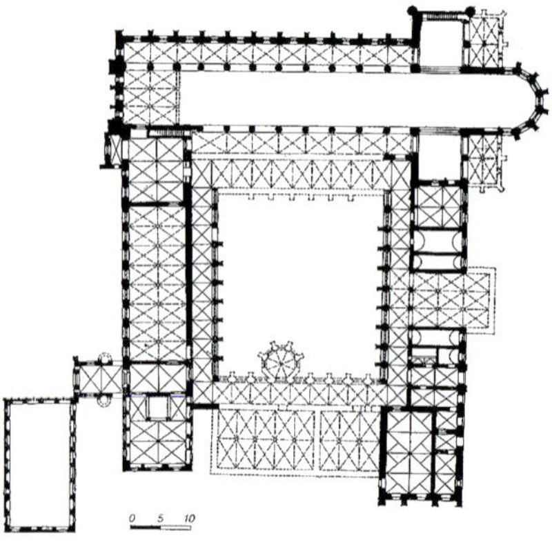

Bis um 1300 wird die Westfassade vollendet. Da im Jahre 1281 bereits Markgraf Johann II., Bruder Ottos IV., und seine Schwägerin Constantia, Gemahlin Markgraf Konrads, in der Klosterkirche ihr Grab finden, werden Chor und Querhaus bereits zu diesem Zeitpunkt benutzbar gewesen sein. Eine Altarstiftung zwei Jahre nach der Verlegung im Jahre 1275 legt sogar nah, dass schon vor der offiziellen Verlegungsurkunde von 1273 mit den Bauarbeiten begonnen worden war. Bereits 1319 stirbt mit Markgraf Waldemar, dem Sohn Konrads, das Haus Askanien in der Mark aus.

Kloster Chorin gelang es, das dann folgende „Märkische Interregnum“ ohne Schaden zu überstehen. Nach der Reformation aber, Mitte des 17. Jahrhunderts, kam man auf den eleganten Gedanken, mit den Ziegeln des Kirchendachs andere, nützlichere Dächer auszubessern. So fielen Anfang des 18. Jahrhunderts die Gewölbe des Hauptschiffs in sich zusammen.

Karl Friedrich Schinkel wurde von Kronprinz Friedrich Wilhelm beauftragt, die Ruine zu sichern. Das geschah 1828 bis 1833. Verfall und Nutzung zur Beschaffung von Baumaterial waren beendet. Erst 1912 entstanden das Kirchendach und auch ein Dachreiter neu.

Chorin, das Kloster von Süden, links „Brauhaus" und Klosterküche

Bauerfahrung für Chorin brachten die Mönche und Laienbrüder aus Lehnin mit. Ob man von direkter Tradition in Form einer Bauhütte sprechen kann, ist recht zweifelhaft. Neben den allgemein verbreiteten Planungsgewohnheiten der Zisterzienser, bei denen man im Gegensatz z. B. zu den Prämonstratensern von Ordensbaukunst sprechen kann, erinnern die nachgewiesenen Nebenchöre wie auch die Apsis – statt des ordensüblichen geraden Chorschlusses – deutlich an Lehnin. Selbst die anspruchsvolle Westfassade, eines der bekanntesten Beispiele für Backsteinarchitektur überhaupt, erinnert mit der Staffelung der Fenster, der Blenden an den seitlichen Pfeilern, aufgenommen von den Fassaden der Seitenschiffe, an das schlichtere Bild der Westfassade von Lehnin.

Chorin, Westfassade der Klosterkirche

Dabei springt die Fassade des südlichen Seitenschiffs vor, öffnet den Zugang zur Herrscherempore im Westen des Schiffs und zum Fürstensaal, von dessen Wandmalereien noch Spuren erhalten sind. Die Mönche betraten die Kirche vom heute zerstörten südlichen Flügel des Kreuzgangs im Osten und gelangten so in das, ebenfalls nicht erhaltene, südliche Seitenschiff und in den durch eine Stufe und den Lettner abgetrennten Chorraum.

Aber zurück zur Westfassade: In Backstein ausgeführte Wimperge und Fialen, Miniaturgiebel und -türme in gotischer Formvervielfältigung werden an den Fassaden der Seitenschiffe wiederholt. Durch die Staffelung, die den Blick zur Bewegung zwingt, wird eine Dynamik in das scheinbar statische Bild der Architektur gebracht, die wohl ein Geheimnis ihrer Faszination ausmacht. Ein anderes ist die beruhigende Atmosphäre einer Ruine, gesichert und geschützt, Vergänglichkeit, die dauerhaft geworden ist. Ein drittes ist die Eleganz der Details.

Reich ist die Formenvielfalt der vor dem Brand skulptierten Formsteine, die uns als Basen oder in den Kapitellzonen der Pfeiler begegnen oder als Konsolen die Dienste der Gewölbe tragen. Eine auf den ersten Blick kaum spürbare Belebung bringt die wechselnde Gestaltung der Pfeiler. Sie prägt die östliche Hälfte des Schiffs, angeregt von den Halbsäulenvorlagen der Vierungspfeiler, mit drei variationsreich gefügten Bündelpfeilern, die zwischen die Kreuzpfeiler eingestellt sind. Vergleichbaren Erfindungsreichtum und ebenso erstaunliches Einfühlungsvermögen in die gestalterischen Möglichkeiten von Backsteinarchitektur bieten auch die Nebenräume des Klosters: die Giebel und die Fassade des Pfortenhauses wie auch des anschließenden sogenannten Brauhauses, das Klausurportal im Pfortenhaus, der Fürstensaal oder die Klosterküche.

Chorin, Pfeilerkapitell auf der Südseite des Schiffs, in einem Stück gearbeitet und gebrannt

unten: Chorin, Kapitellzone am Portal zum sog. Fürstensaal

Chorin, Blick in den sog. Fürstensaal

HALLE UND KATHEDRALE – ST. MARIEN IN LÜBECK UND DIE FOLGEN

Man könnte dieses Kapitel auch mit dem Titel versehen: „Der Reichtum der Pioniere und seine Folgen“. Überall erwachte seit dem späten 11. Jahrhundert bei den reich gewordenen Kaufherren, ihrer wirtschaftlichen Potenz entsprechend, auch der Wunsch, politischen Einfluss auszuüben. Die Bischöfe und Fürsten wichen vor ihnen zurück, im Herzen des Reiches allerdings nur langsam. Die Könige und Kaiser ertrugen sie, meist widerwillig, als finanzstarke Verbündete gegen die Territorialmächte. Im Gebiet der deutschen Ostsiedlung waren die Verhältnisse lockerer gefügt. Fürsten und Bischöfe besaßen vorerst nur eine schmale Machtbasis. In den Handelszentren dagegen sammelten die Patrizier binnen ein, zwei Generationen unvorstellbare Reichtümer, die demonstrativ in die Stadtkirchen investiert werden konnten.

Lübeck ist dabei Beispiel und Vorbild. Die Gründungsphase war nicht einfach. Deutsche Kaufleute hatten Altlübeck an der Mündung der Schwartau in die Trave längst erreicht, gut 4 km flussabwärts, als Graf Adolf II. von Schauenburg und Holstein auf der Halbinsel zwischen Trave und Wakenitz 1145 eine Stadt gründete. Die Einkünfte, die der Landesherr über Zölle und Münzrecht gewinnen konnte, erschienen vielversprechend. Die angesammelten Reichtümer locken bereits 1147 die Obotriten aus Mecklenburg ins Land der Wagrier, um die neue Siedlung zu plündern. Auch Herzog Heinrich der Löwe, Lehnsherr des Grafen, zeigt nun Interesse an den Einkünften. Die Streitigkeiten führen 1158/59 zur Neugründung der Stadt, nun durch Heinrich den Löwen. 1160 wird der Bischofssitz von Oldenburg nach Lübeck verlegt. Die wirtschaftliche Kraft der Stadt wächst rasch.

Kaiser Friedrich I. Barbarossa, der die Macht Heinrichs des Löwen bricht, bestätigt 1188 die Sonderrechte der Lübecker Bürgergemeinde. Die Grafen von Holstein versuchen vergeblich, ihre Stadtherrschaft zu erneuern. Die dänische Oberherrschaft unter Waldemar II. endet mit der Reichsfreiheit, die Kaiser Friedrich II. der Stadt 1226 verleiht, besiegelt mit der Niederlage des dänischen Königs in der Schlacht von Bornhöved im Jahr 1227. Damit war der Status der Stadt mit etwa 25 000 Einwohnern, nach Köln die zweitgrößte des Reiches nördlich der Alpen, gesichert. Die Drehscheibe des Handels zwischen Westeuropa und dem Ostseeraum bis Nowgorod boomte.

Wegen der wachsenden Zahl der Gläubigen wird bereits 1170 neben der Kirche auf dem Markt, der Marienkirche, mit dem Bau von St. Petri begonnen. Zugleich mit den ersten Häusern der Stadt errichtet, ist

der erste, archäologisch nicht nachweisbare Bau von St. Marien wohl als Holz- oder Fachwerkbau entstanden. Um 1200, genaue Daten sind nicht überliefert, beginnt man mit dem Bau einer romanischen Kirche, die den romanischen Dom im Süden der Stadt zum Vorbild nimmt – und übertreffen will.
Das Maß der Vierung ist bis heute das Grundmaß des Baus. Die beiden westlichen Pfeiler, mit der vom Dom übernommenen „lübischen" Kante, sind über alle sich wandelnden Vorstellungen hinweg erhalten worden. Im Rhythmus der Planwechsel zwischen Schiff und Chor erwies sich ihre Stärke sogar immer wieder als statisch vorteilhaft. Drei Joche nach Westen im gebundenen System, ein Chorjoch mit Apsis, ein Querhaus mit Nebenapsiden lassen sich für die romanische Basilika rekonstruieren. Der Abschluss im Westen ist vielleicht nie vollendet worden. Man entschloss sich zum Umbau in eine frühgotische Hallenkirche, die im Westen einen Turm als Widerlager erhielt.
Die Arkaden des romanischen Baus werden herausgebrochen, breitere Seitenschiffe angelegt. Die Backsteine werden etwas kleiner geformt. Viele zeigen einen orangegelben Farbton. Allerdings ist dieser unter Schlämmung und farbiger Fassung innen nicht aufgefallen. Außen verbarg er sich einst vielleicht unter Putz. Heute vereinheitlichen anthrazitfarbene Ablagerungen der Luftverschmutzung von Jahrzehnten weitgehend das Erscheinungsbild. Binnen weniger Jahre war das Konzept der Hallenkirche bis zur Vierung, bis zu romanischem Querhaus und Chor abgeschlossen. Auf der Südseite ist die Außenwand des Hallenbaus weiter nach Osten geführt worden. Es lässt sich der Plan der größten Hallenkirche Norddeutschlands ablesen. Er sollte nicht ausgeführt werden.

Ein früher Erfolg: die Hallenkirche

Hallenkirchen, in denen alle Schiffe gleich hoch sind, wodurch das Licht nur von der Seite in den Innenraum gelangt, waren besonders den Siedlern, die aus dem westfälischen Raum kamen, ein vertrautes Bild. Auch St. Petri und St. Jakobi waren in Lübeck bereits als Hallenkirchen gebaut worden. Seit dem 11. Jahrhundert in Westfalen als Raumvorstellung populär, in der Mitte des 13. Jahrhunderts im Herforder Münster, im Dom zu Paderborn und in der Elisabethkirche zu Marburg zu glanzvollen Höhepunkten gesteigert, hatte die Hallenkirche früh erfolgreich Einzug ins Gebiet der Backsteinarchitektur gehalten. Die um 1220 begonnene Stadtpfarrkirche St. Jakob und St. Dionysius in Gadebusch ist das früheste erhaltene Beispiel.
Mitte des 13. Jahrhunderts entsteht mit St. Nikolai in Rostock eine erste chorlose Hallenkirche, fast quadratisch, die man gerne als Prototyp bewusst bürgerlicher Architektur gegenüber der hierarchisch gegliederten und richtungsbezogenen Konzeption von Basilika oder Kathedrale verstehen will. Mit den Rundpfeilern des Baus, deren fernes Vorbild

die Elisabethkirche in Marburg ist, wurde eine populäre Form gefunden, die uns in Backstein immer wieder begegnet: Vier schlanke Dienste, als Dreiviertelstab oder kleeblattförmig profiliert, führen die Struktur des Gewölbes mit Arkaden und Scheidbogen fort. Aber auch Bündelpfeiler, wie in Gadebusch und in der Stiftskirche zu Bützow, oder Achteckpfeiler, von dünnen Stäben akzentuiert, sind nicht selten. Anfang des 15. Jahrhunderts wird St. Nikolai in Rostock um einen rechteckigen Chor im Osten und um einen Turm sowie ein Joch mit Sterngewölben im Westen erweitert; der Bau erinnert damit an Kirchen ostpreußischer Städte. Die Halle erobert sich im Laufe des 14. und 15. Jahrhunderts in manchen Gebieten, wie im Ermland, eine fast dominierende Stellung im Kirchenbau. Dort sind es große Kirchen, der Dom St. Jakob in Allenstein, die Kollegiatsstiftskirche in Guttstadt oder die Pfarrkirche St. Nikolai in Elbing, die in der zweiten Hälfte des 14. Jahrhunderts das Thema der chorlosen Hülle, des nicht-hierarchisch gestalteten Raumes, nutzen. In anderen Bischofs- und Stadtkirchen schließt an die dreischiffige Halle des Langhauses ein gerader, geschlossener einschiffiger Chor an. Die bürgerlichen Pfarrkirchen in Thorn, Kulm oder Straßburg streben dabei das gleiche aufwendige Erscheinungsbild an, das Domkapitel und Bischöfe in Frauenburg, Kulmsee oder Königsberg als angemessen betrachten.
Der (zu) kurze Streifzug ins noch vom Deutschen Orden beherrschte Ostpreußen soll hier nur verhindern, das Raumkonzept der Halle als Ausdruck bürgerlicher Selbstdarstellung misszuverstehen. Sicher war aber die chorlose Halle, der rechteckige Saal, ein-, zwei- oder dreischiffig angelegt, die preiswerteste und schnellste Möglichkeit, um für rasch gewachsene Gemeinden eine Fülle umbauten Raumes bereitzustellen. Dieser „bürgerliche“ Gesichtspunkt mag bei den frühen Hallenkirchen, zu denen auch der erste Bau von St. Nikolai in Stralsund gehörte, eine wichtige Rolle gespielt haben. So wundert es nicht, dass viele der frühen Hallen später verändert, um- und ausgebaut oder durch aufwendigere Neubauten ersetzt wurden. Die bekanntesten erhaltenen Beispiele sind die Marienkirchen in Neubrandenburg, Greifswald, Friedland und Prenzlau.

Demonstrativer Prunk: Schaugiebel in Neubrandenburg, Prenzlau, Gransee und Greifswald

Beginnen wir mit Neubrandenburg: Markgraf Johann von Brandenburg gründete die Stadt im Jahr 1248. Mit dem fast kreisrunden Mauerring, den gut erhaltenen Toren an den Schnittpunkten von Stadtmauer und Schachbrettgrundriss gilt die Stadt als Musterbeispiel einer Gründungsstadt der deutschen Ostsiedlung. Ein Feld des Schachbrettes war für die Stadtkirche reserviert, deren Weihe für 1298 überliefert ist. Das bezieht sich wohl auf die Ostteile, die Vollendung nach Westen erfolgte erst Anfang des 14. Jahr-

Neubrandenburg, St. Marien, Ostfassade

hunderts. Der Westturm erhielt seinen achtseitigen Aufbau erst im Zuge der Restaurierungen Mitte des 19.

Neubrandenburg, St. Marien, Grundriss

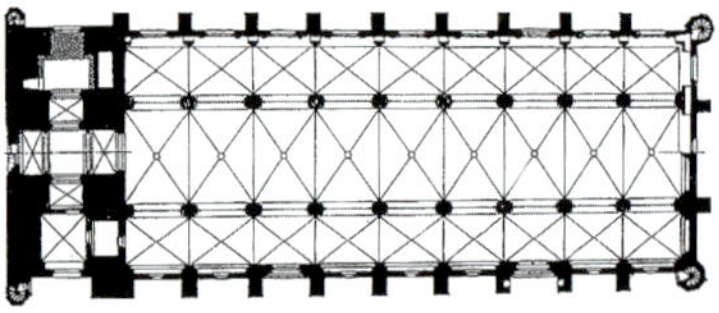

Jahrhunderts. Friedrich Wilhelm Buttel griff dabei das Maßwerkmotiv des Ostgiebels der Halle auf.

Die Ostgiebel der Marienkirchen von Greifswald, Neubrandenburg und Prenzlau, auch Gransee darf erwähnt werden, wirken aus dem Kontrast zwischen schlichtem Baukörper und reicher, bewusst dekorativer Durchgliederung des Giebeldreiecks mit Maßwerkwimpergen und Fialen. Die Giebel sind – wir kommen später noch darauf zurück – jener architektonische Bereich, in dem bei den Backsteinbauten, seien es nun Kirchen, Bürgerhäuser, Rathäuser oder Stadttore, dekorative Strukturen konzentriert werden. Wir haben dies bereits an dem im Dachstuhl verborgenen Ostgiebel der Katharinenkirche in Brandenburg gesehen.

Die scheinbar schlichteste Lösung, der fast unmotiviert über den aus drei Apsiden gefügten Ostabschluss gesetzte Chorgiebel in Gransee, nimmt mit den in Maßwerkbänder aufgelösten Fialen die Gliederung des Schiffs auf. Über dem Mittelschiff steigt hinter einer parallelen Viererreihe von Blendmaßwerk ein von zwei Fialen begleitetes fünftes Blendmaßwerk auf, füllt und durch-

Neubrandenburg, St. Marien, Schmuckgiebel über dem Chor

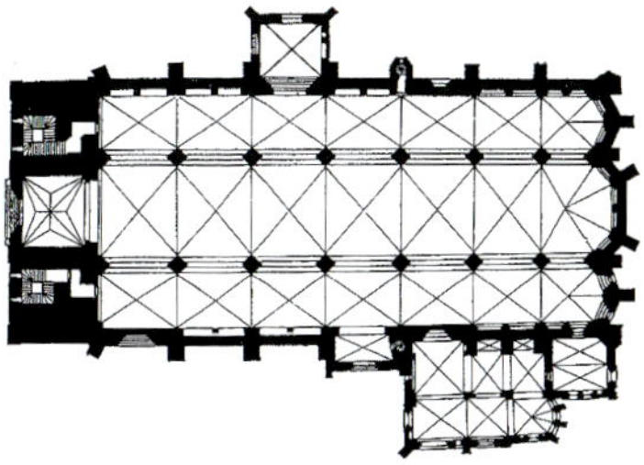

Prenzlau, St. Marien, Grundriss

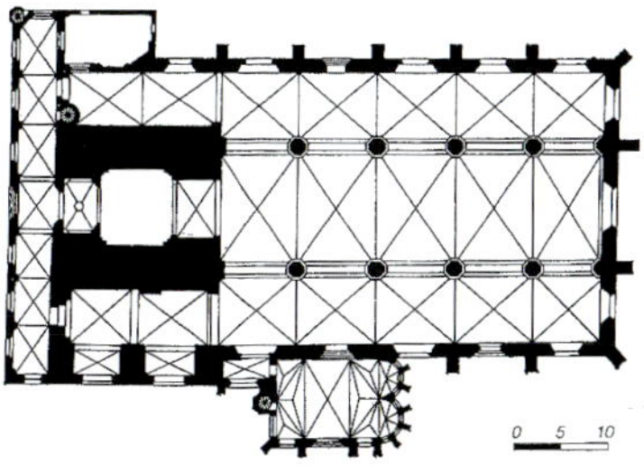

Greifswald, St. Marien, Grundriss

bricht die Linien des Giebeldreiecks. Um 1570/80 hat man hier in reduzierter Form die Vorbilder von Neubrandenburg und Prenzlau aufgenommen.

Nach der Entstehungszeit der Einzelformen zu urteilen, die in Werkstein im süddeutschen Raum gut vor der Mitte des 14. Jahrhunderts erscheinen, können die Ostgiebel der Marienkirche in Neubrandenburg wie in Prenzlau ebenfalls vor der Mitte des 14. Jahrhunderts entstanden sein. Fachleute hielten schließlich bereits vor Jahrhunderten miteinander Kontakt und waren an den jeweils jüngsten Entwicklungen interessiert. Auch wenn die Restaurierung in der ersten Hälfte des 19. Jahrhunderts manches verändert haben mag, bietet der Chorgiebel von St. Marien in Neubrandenburg noch immer einen eindrucksvollen Anblick. Er muss einst, durch farbige Fassung akzentuiert, teils vor weißen Putz gesetzt, hoch über den damals niedrigen Giebeln der Stadt, noch mehr beeindruckt haben. Das Mittelschiff ist doppelt so breit wie die Seitenschiffe. So können vier Maßwerkwimperge eine erste Reihe bilden. Dahinter steigt die nächste auf. Alle Fialen und die jeweils äußeren Wimperge überschneiden die Linie des Giebels, der, wie in Gransee, ebenfalls in Maßwerkgeschossweise gegliedert ist.

Die in jeder Hinsicht raffinierteste Lösung bietet der Ostgiebel der Marienkirche in Prenzlau. Wie später in Gransee werden Hauptschiff und Seitenschiffe apsidial geschlossen. Außen ist dies kaum zu erkennen. Schwibbögen über die Apsiden hinweg bringen die Basis des Chorgiebels auf eine Linie. Die Fialen nehmen hier die Strebepfeiler auf, mitten vor den Seitenschiffen und dann wieder das zentrale Fenster rahmend. Sie spiegeln nicht die Gliederung der Halle. Die Fialen durchbrechen hoch aufragend den Umriss des Chorgiebels, die beiden mittleren werden in der Höhe geteilt. In der vorderen Ebene flankieren sie einen niedrigen Wimperg.

Greifswald, St. Marien, Blick ins Gewölbe

Greifswald, St. Marien, Annenkapelle

Erneut dahinter angesetzt begleiten sie ein achtbahniges Maßwerk, das in einer sphärischen Raute gipfelt, über das eigentliche Chorgiebeldreieck hinaus. Die Tiefenstaffelung der Wimperge und Fialen, die Bewegung der Fenster im Rhythmus der Apsiden, schließlich die Reihung der Wimperge entlang des Dachansatzes geben der schlicht konzipierten Architektur der Hallenkirche Bewegung, räumliche Tiefe und einen unerwarteten Formenreichtum.

Geradezu klassische Schlichtheit drückt der Schaugiebel der Marienkirche in Greifswald aus. Das Giebeldreieck ist nicht gleichseitig, die Grundseite ist länger als die Dachseiten, obwohl der optische Eindruck dies nicht vermittelt. Aufgeteilt in vier Bahnen, getrennt durch offene Fialentürmchen mit gleichmäßig gegliederten Etagen, jeweils ausgefüllt von Maßwerkflächen, die in die Wand einschneiden und durch Putzblenden hervorgehoben werden, wirkt die so lebhaft bewegte Fläche ausgeglichen aufgeteilt. Wie der Turm im Westen, muss die Abschlusswand des Schiffes im Osten zugleich Widerlager für die Schubkräfte der Gewölbe bieten. Die zusätzliche Last des Giebels stärkt die Standfestigkeit der Ostwand, ist hier also auch aus statischen Gründen erforderlich. So muss der Ostgiebel von St. Marien in Greifswald mit der Vollendung des fünfjochigen Langhauses im Westen Mitte des 14. Jahrhunderts errichtet worden sein, als die Gewölbe eingezogen wurden. Der Formenwandel der Pfeiler von Ost nach West spricht ebenfalls für diesen Gang der Bauentwicklung.

Greifswald, St. Marien, Schmuckgiebel über dem Chor

St. Marien in Lübeck – eine Kathedrale für Bürger

Doch zurück nach Lübeck: Dort hatte man vor der Mitte des 13. Jahrhunderts mit der Umwandlung der ab 1200 errichteten romanischen Basilika in eine Halle begonnen. Vollendet hätte der Bau fast die Länge des heutigen Chores der Marienkirche umfasst. Ein überwältigender Ostgiebel wäre als Abschluss zu erwarten gewesen. Es kam jedoch nicht dazu.

Erneut entschlossen sich die Bürger Lübecks, die reichen Patrizier, ihrer Kirche eine neue, noch aufwendigere Gestalt zu geben. Vielleicht waren die heftigen Auseinandersetzungen mit ihrem Bischof Johannes III. von Tralau zwischen 1277 und 1282 samt Interdikt und Auszug von Bischof und Kapitel nach Eutin Anlass zu diesem Planwechsel.

Die Daten der Baugeschichte und die Reihenfolge der Planungskonzepte für den Dom und die Marienkirche in Lübeck sind immer noch Teil interessanter Diskussionen. Sicher ist, dass 1266 mit dem Neubau eines gotischen Chores am Dom begonnen wurde, nachdem noch von 1254 bis 1259 das Hauptportal am nördlichen Querhaus in rheinisch beeinflussten romanischen Formen erneuert worden und das Paradies als Vorhalle davor entstanden war. Die Bauarbeiten am gotischen Domchor kamen bald zum Erliegen. Erst um 1330 werden sie wieder aufgenommen unter Bischof Heinrich Bocholt und ebenso bescheiden wie rasch abgeschlossen.

Lübeck, Dom von Süden

Die lange Bauunterbrechung über zwei Generationen macht die Beantwortung der Frage, ob mit dem ähnlichen Grundriss der Chor der Marienkirche vor oder nach 1266 begonnen wurde, schwierig. War der Domchor Vorbild oder Abbild? Wer war die treibende Kraft in der Umsetzung der Idee der gotischen Kathedrale in Backsteinarchitektur? Ein wesentlicher Unterschied im Grundriss beider Chöre macht den Domchor für die Grundrisse der „Ostseegruppe" zum Vorbild: Beim Domchor sind die beiden westlichen Kapellen des Umgangs radial nach Süden bzw. nach Norden ausgerichtet. Beim Chor der Marienkirche – einzigartig in der Gruppe – sind die beiden westlichen Chorkapellen nach Westen ausgerichtet, zeigen sich als Abschluss der Seitenschiffe. Im Aufriss dagegen, das bleibt unbestritten, ist für die „Ostseegruppe" großer Pfarrkirchen und Kathedralen rings um die Ostsee die hochgotische Vollendung von Chor und Schiff der Marienkirche das gültige Vorbild. Schließlich war der Chor des Doms bis etwa 1330 kaum über die Grundmauern hinaus gekommen.

Trotzdem bleibt die Frage: Wer hatte das Grundrissvorbild aus dem heutigen Belgien nach Lübeck importiert: Bischof Johann III. von Tralau oder die Lübecker Patrizier mit ihren weit reichenden Kenntnissen und Verbindungen? Das in der Lübecker Marienkirche verwirklichte Konzept, Chorumgang und die ausstrahlenden Kapellen mit jeweils einem gemeinsamen sechsteiligen Gewölbe zu überspannen, hat mit Soissons ein Vorbild in der französischen Kathedralarchitektur, vollendet im Jahr 1212, das dann im flandrischen Raum, z. B. Mitte des 13. Jahrhunderts mit dem Chor der Kathedralen von Tournai und Utrecht, ebenso Nachfolge findet wie im Chor der Kathedrale von Quimper in der Bretagne. In Lübeck wirken jedoch auch noch andere Einflüsse. So wie bei der erheblich späteren Vollendung des Lübecker Domes der Hallenumgangschor des Domes zu Verden als Modell erkennbar wird, so sind im Chorbereich der Marienkirche die Anregungen, die von den gleichzeitigen Bauaktivitäten am Kölner Dom ausgingen, nicht zu übersehen.

Jede Rippe, jeder Scheidbogen, der ein Fenster rahmt, jeder Bogen der gestaffelten Auflösung der Chorarkaden in zarte Schichten membranhaft dünner Wand wird von einem Birnstabprofil begleitet. Im Quer-

Lübeck, Marienkirche, Grundriss

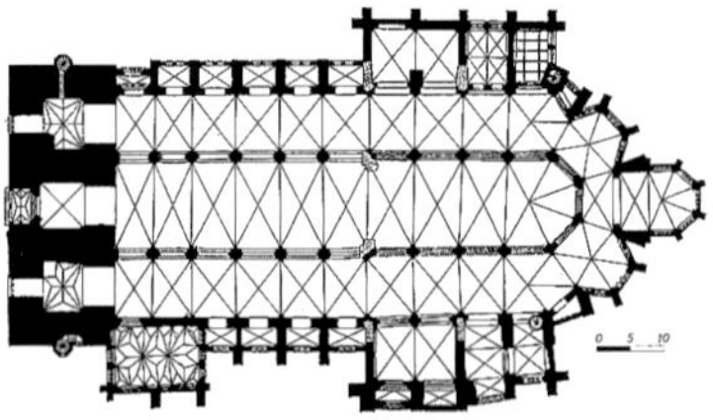

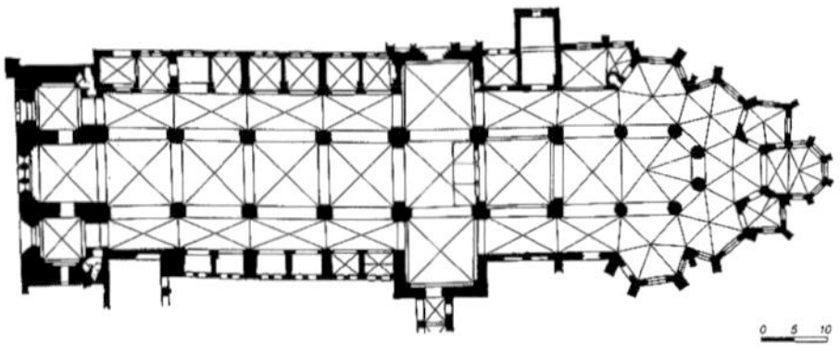

Lübeck, Dom, Grundriss

Lübeck, Dom, Ansicht nach Westen

schnitt durch das Profil erscheint die dicke Seite der Birne dem Betrachter zugewandt, Ansatz der Birne und Verbindung mit der Wand liegen im Schatten der Hohlkehlen. Der quadratische Mauerkern der Pfeiler verschwindet im Chorbereich fast hinter dem Spiel der Linien mit den Schatten, die konsequent – vergleichbar der 1277 geweihten Sakristei des Kölner Domes – vom Schlussstein bis zum Sockel der Pfeiler den Raum vereinheitlichen. Nur die beiden östlichen Pfeiler des Chores fassen die Linien noch mit einer gemeinsamen Kapitellzone zusammen. Nach Westen weisen nur noch die Arkadenbögen eine Kapitellzone auf, Rippen und Dienste laufen vom Gewölbe ohne Unterbrechung am Pfeiler entlang bis zum Sockel. Jenseits der wie Spolien den Raum gliedernden Fragmente des romanischen Pfeilerpaars der Vierung wird nach Westen der mauerhafte Charakter der Pfeiler wieder betont. Am quadratischen Block, durch eine „lübische" Kante akzentuiert, wirken die schmalen Dienstbündel, die die Rippen der Gewölbe des Haupt- und des Seitenschiffs fortführen, wie aufgelegt. Der mächtige Wandausschnitt der Arkade wird nur durch ein schmales Band, das die Kapitellzone durchbricht, aufgelockert. Wir haben zeitlich weit ausgegriffen und die Vollendung des Chores um 1300 vorausgesetzt. 1291 wird ein Vikariat für die Scheitelkapelle des Chorumgangs gestiftet, eine Planstelle für einen Geistlichen geschaffen. Das bedeutet nicht, dass die Gewölbe des Hochchores zu diesem Zeitpunkt bereits vollendet waren. Aber da nach den Bauinschriften 1304 der Nordturm und 1310 der Südturm sowie die Briefkapelle

Lübeck, Marienkirche, Ansicht von Südwesten

in Angriff genommen werden, müssen zu diesem Zeitpunkt die Bauarbeiten am Chor abgeschlossen gewesen sein. Dazu passt auch die Datierung der Wandmalereien. Das heute vorherrschende vegetabile Dekorationssystem mit seinen zarten Pflanzenornamenten, das nach Kriegszerstörung und Restaurierung den Bau vereinheitlicht, ist nach einem Dachstuhlbrand 1508 erst zu Beginn des 16. Jahrhunderts entstanden. Kurz vor der Reformation wird hier noch einmal bildlich der Garten des Paradieses dargestellt. Die Ausmalung aus dem hohen Mittelalter war eine sensationelle Entdeckung infolge des Brandes von 1942 und geriet in der Nachkriegszeit durch den Fälschungsprozess um Lothar Malskat erneut in die Schlagzeilen. Fotografien aus den Jahren vor dem Kriegsende, vor der Restaurierung, belegen, dass das heutige Erscheinungsbild den Funden entspricht. Die Fälschungen von Malskat, Mitarbeiter des mit den Restaurierungen beauftragten Dietrich Fey, die im Chor das gleiche fensterähnliche Erscheinungsbild vorspiegeln sollten, das im Schiff fasziniert, hat man entfernt, so dass sich ein glaubwürdiges Bild bietet, das als Vorbild für zahlreiche Bauten entlang der Ostseeküste diente. Die Briefkapelle im Südwesten des Langhauses von St. Marien entstand

Lübeck, Marienkirche, Ansicht nach Osten

gemeinsam mit dem Südturm seit 1310, wobei Wandteile der frühgotischen Halle bewahrt wurden. Ungewöhnlich, dass man eine Seitenkapelle, noch dazu von diesem Ausmaß, über zwei Joche hinweg errichtete, bevor die vorgesehenen Arbeiten am Schiff überhaupt begonnen wurden. Zuerst als „Marienkapelle", seit 1565 bis ins 16. Jahrhundert als „Annenkapelle" bezeichnet, lässt sich die Bezeichnung als Briefkapelle – der Name verweist auf die Nutzung durch öffentliche Schreiber – erst nach der Reformation nachweisen. Bis dahin wurde hier ein Bild der heiligen Anna, der Mutter Marias, verehrt.

Die Architektur der Kapelle ist ungewöhnlich und hat ausgesprochen interessante Nachfolger im Bereich der Backsteinarchitektur. Zwei achteckige Pfeiler aus Granit von der Ostseeinsel Bornholm, über 8 m hoch und 32 cm im Durchmesser, tragen das doppelte Sterngewölbe. Nach Vorbildern englischer Gewölbe aus dem 13. Jahrhundert, mit

Liernen und Tiercerons zusätzlich zu den einfachen Rippen, entsteht ein doppelter Schirm, wie er einzeln und prunkvoller in den Kapitelhäusern englischer Kathedralen Einsatz fand. Auch die scheibenförmigen Schlusssteine, die die Verbindungen der Rippen markieren, entsprechen englischem Brauch. Die Wandvorlagen wiederholen Maß und Profil der beiden zentralen Pfeiler und tragen wie diese dekorativ skulptierte Kapitelle. Die ursprüngliche Farbfassung wird, wie einige Spuren andeuten, noch reicher gewesen sein, gesteigert dazu durch farbige Glasfenster.

Der für kontinentale Verhältnisse ungewöhnliche Raum, um 1320 vollendet, hat seine Nachfolge in weltlichen Bauten der Backsteinarchitektur gefunden. Der prunkvolle Artushof in Thorn, von der St.-Georgs-Bruderschaft der Patrizier 1385 errichtet, bot ebenso eine über achteckigen, schlanken Pfeilern gewölbte Halle wie der Artushof in Danzig. Dort übernahmen Patrizier für die vier Stützen des Raumes mit neun Sterngewölben bei einer Höhe von nun 12 m Granitpfeiler aus der 1454 zerstörten Burg des Deutschen Ordens, dessen Herrschaft man abgeschüttelt hatte. In der Danziger Ordensburg müssen die Granitpfeiler ähnliche Räume mit einem Pfeiler ausgestattet haben, wie den Winter- und den Sommer-Remter des Hochmeisters im von Nikolaus Fellenstein 1389–99 errichteten Hochmeisterpalast der Marienburg oder den dortigen über drei Pfeilern gewölbten Großen Remter. Die Gewölbefiguration des Großen Remters folgt der Briefkapelle fast präzise, nur sind hier ein dritter Pfeiler und ein drittes Sterngewölbe eingeschoben. Immer aber steht ein repräsentativer Anspruch, geradezu ein Machtanspruch, hinter dieser Gestalt von Architektur.

Gleichgültig, ob nun – wie früher angenommen – das Konzept des Chorumgangs einer Kathedrale zuerst für den Lübecker Dom oder – wie heute vertreten – zuerst für die Marienkirche entwickelt wurde, die Marienkirche hat demonstrativ den Machtanspruch der Patrizier durch die Architektur der gotischen Kathedrale in Backstein vertreten. Und von Lübeck bis St. Petri in Malmö

Lübeck, Marienkirche, Blick in das Gewölbe des Chorumgangs – Umgang und Kapelle werden zu einem sechsteiligen Gewölbe zusammengefasst

Lübeck, Marienkirche, Blick zum Obergaden an der Schnittstelle von Schiff und Chor

im frühen 14. Jahrhundert oder St. Petri in Riga, die Mitte des 14. Jahrhunderts einen „lübischen“ Chor erhielt, der vom Rostocker Baumeister Johannes Rumeschottel zwischen 1407 und 1409 vollendet wurde, ist dieses Vorbild immer wieder aufgegriffen worden. Einige Beispiele werden wir noch näher kennen lernen.

Die tief unterschnittene Profilierung der Birnstäbe, die Lebhaftigkeit der Maßwerkbalustrade mit ihren aufgesetzten Fialen, wie sie für den Chor von St. Marien charakteristisch sind, finden am Außenbau keine Entsprechung. Der Baumeister des Chores hat außen schlichte, glatte Formen für die Struktur des Baus gewählt. Auch der Baumeister des Schiffs, magister operis Hartwich, hat dessen Vorgaben übernommen. Immer wieder treten einfache Formen in das komplexe Kathedralschema ein. Fast ungebrochen wachsen die Strebepfeiler auf, werden über schlanke Bögen zum Obergaden geführt, um dort auf einen einfachen Mauerstrang zu treffen. Nur die Unterseite der Strebebögen ist noch durch eine Hohlkehle gegliedert und wird nach klassischer Kathedralenmanier an der Wand des Obergadens von einer Halbsäule als Vorlage aufgenommen.

Die Fläche der zwischen die Pfeiler gespannten Wand ist in zwei Schichten zerlegt. Wie von Strebebögen werden die Fenster unter dem Dachansatz überspannt. Eine dünne Mauerhaut darunter – im Obergaden wie im Chorumgang – wird für die schlanken Fenster aufgeschnitten. 1337, wohl mit dem Guss des Bronzetaufbeckens gefeiert, wird das Schiff vollendet. Die Fertigstellung der Doppelturmfassade 1331 fällt in eine Zeit, in der Lübeck noch von den Schrecken der großen Pest durchzittert wird. Die straffe Flächigkeit findet hier ihre konsequente Fortsetzung. Der ursprünglich zentral geplante einzelne Westturm der Halle ist beim Blick auf die Fassade noch erkennbar. Erst über der Höhe der Seitenschiffe beginnt mit Rücksprung der Geschosse um eine Steinbreite der Schmuck der Türme: Kreisblenden und Vierpässe, ebenso lebendig in Anzahl und Gestalt in jedem Geschoss variiert wie der Schnitt der Blendmaßwerke, die nur zum Teil als Fenster dienen, und die Höhe der Geschosse selbst. Die Ornamente der Giebelflächen sind reich und großzügig bemessen. Ihnen ist heute durch den Verzicht auf kontrastierende Putzflächen die Wirkung genommen, die durch den weißen Schimmer der einst mit Blei gedeckten Turmhelme und Dächer ihren Abschluss gefunden hätte. Dabei bleibt die Frage offen, wie weit verputzt man sich den Außenbau überhaupt vorzustellen hat und wie weit dieser wiederum farbig gestaltet wurde. Die beiden Türme der Marienkirche, die mit ihren Helmen seit 1337 Höhen von 125 m und 126 m erreichten, boten bis zur Vollendung des Kölner Domes 1880 die höchste Doppelturmfassade Europas. Sicher erreichte der eine oder andere Vierungsturm, ob in Beauvais, Rouen oder London, oder der Westturm von St. Marien in Stralsund eine Höhe um 150 m, aber mit diesem Turmpaar waren die Bürger konkurrenzlos. Die Gesamtlänge des Baus von gut 105 m ist beachtenswert, und im Konkurrenzkampf der Schiffshöhen beanspruchen die 38,76 m bis zum Gewölbe des Mittelschiffs einen der vorderen Ränge in Europa. Auf deutschem Boden bietet nur der Kölner Dom fast 5 m mehr, der allerdings auch nicht, wie St. Marien, eine städtische Pfarrkirche, sondern Stolz des rheinischen Adels war, aus dem sich das Domkapitel rekrutierte.

Im Rahmen dieser anspruchsvollen Vorstellungen erstaunt der Verzicht auf ein Querhaus. Bereits mit der ersten Konzeption des Kathedralchores, als einer der ersten vollendeten Bauteile, entsteht die Südervorhalle. Außen deutet sie, wie die erst 1330 erbaute Nordervorhalle, die Rolle eines Querhauses an. In-

Lübeck, Marienkirche, Gewölbe der Briefkapelle

*Stralsund,
St. Nikolai*

nen werden die Räume nur in die Seitenschiffe über jeweils einen Freipfeiler einbezogen. Aber ohne Einbeziehung des Mittelschiffs entsteht keine Vierung. Auch diese ungewöhnliche Konzeption wurde in unserer Region mehrfach Vorbild. Einen letzten Akzent setzen die Kapellen entlang der Seitenschiffe und des Chores, Stiftungen einzelner Patrizier oder der Gilden. Keine erreicht dabei die Dimensionen der Briefkapelle, keine wird wie diese von einem zusätzlichen Strebebogen überspannt. Am Ende dieser Bautätigkeit steht die Marientidenkapelle im Chorscheitel, die 1444 erstmals erwähnt wird. Die Entwicklung der Ausstattung setzt sich fort, von der durch den Brand des Jahres 1942 vieles vernichtet wurde.

St. Nikolai in Stralsund

Die Architekturkonzeption der Lübecker Marienkirche wirkt weit über die Stadt hinaus als Vorbild. Noch bevor der Chor vollendet ist, wird der Grundriss in Stralsund und Schwerin aufgegriffen. Fürst Witzlaw I. von Rügen verleiht der gegenüber seiner Insel am Strelasund liegenden Siedlung Stralow im Jahr 1254 lübisches Stadtrecht, wie es kurz zuvor auch Rostock erhalten hat. Die Lübecker Kaufherren waren über die Konkurrenten, die sich auf ihrem Handelsweg nach Osten erfolgreich etabliert hatten, keineswegs erfreut. 1249 überfallen und zerstören sie Stralsund, ein Anlass, nach dem Wiederaufbau der Stadt auch bald eine Stadtmauer zu er-

Stralsund, St. Nikolai, Doppelturmfassade

richten. *„Ad opus beati Nicolai"*, zugunsten des Baus der Nikolaikirche, stiften Bürger im Jahr 1276 insgesamt acht Last Korn, einen beachtlichen Wert, über den der Rat eine Bestätigungsurkunde ausstellt. Bezieht sich dieser Hinweis auf Bauarbeiten bereits auf die Umwandlung der Hallenkirche, deren Spuren in den Außenwänden der Chorjoche noch ablesbar sind? Das Stadtbuch notiert auch für die folgenden Jahre Stiftungen – meist zum Heil der eigenen Seele – für den Bau. Aber man baute auch mit geliehenem Kapital. Man lieh 1278 vom Rat, 1298 von Lübecker Bürgern, mit denen man seit 1295 den Grundvertrag für die wachsende Hanse geschlossen hatte, 1297 von Bürgern wie Roding Cymis oder 1299 von Evelekinus de Stubbekoping. So diente der Kirchenbau bei beachtlichen Summen von 100 oder 200 Mark Silber – eine Mark entsprach einem halben Pfund Silbergeld – nicht nur dem Seelenheil, sondern auch als sichere Kapitalanlage, ein Vorgang, der in unserer Region mehrfach zu beobachten ist. Seit 1288 besaß Magister Dietrich als Architekt das Stralsunder Bürgerrecht. 1299 erhielt „Tegelmester" Hermann, der Ziegelmeister, den Auftrag für die Lieferung des Baumaterials, musste allerdings auch zwei Bürgen für pünktliche Lieferung stellen. Die Stiftung eines Vikariats und die Nutzung für ein Begräbnis, beide im Jahr 1304, sprechen für die Vollendung des Chores von St. Nikolai zu diesem Zeitpunkt. Für 1314 ist die Baurechnung für die Errichtung des hölzernen „campanistro", des Glocken tragenden Dachreiters überliefert. Es folgen die sechs Joche des Langhauses, dann der zweitürmige Westbau wieder nach dem Vorbild der Marienkirche in Lübeck, der um die Mitte des 14. Jahrhunderts fertig gestellt wird.

Da die prachtvollen Wandmalereien in den Seitenkapellen und an den Achteckpfeilern, über den Arkaden bunt und reich an Fabelwesen, in die Jahrzehnte um die Mitte des 14. Jahrhunderts zu datieren sind, können wir das Fehlen exak-

Stralsund, St. Nikolai, Grundriss

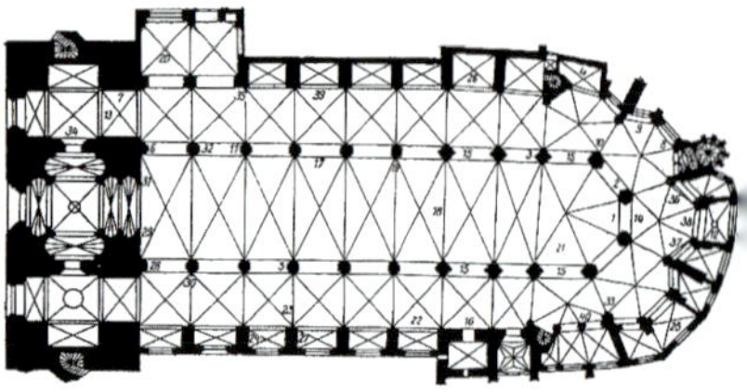

Stralsund, St. Nikolai, Chor mit Chorumgang

terer Baudaten verschmerzen. Doch würde man es gerade für den Baubeginn gern genau wissen. Die reiche Profilierung der Chorpfeiler und die Gestaltung des Obergadens entsprechen dem Vorbild der Lübecker Marienkirche, allerdings bei einer Höhe des Gewölbes von nur 29 m und einer auch geringeren Länge des Baus von 85,7 m.

Das Schiff erhält Achteckpfeiler mit Kopfkonsolen in der Kapitellzone des Arkadenbogens. Schlanke Stäbe sind als Gliederung mit tiefer Schattenfuge in den Pfeiler eingefügt. So wirkt die Wandmalerei, als seien zarte Stoffbahnen zwischen Kapitellzone und Sockel gespannt. Auf ein Querschiff wurde wie in Lübeck verzichtet. Auch die Gliederung des Außenbaus ist schlicht, sogar noch einfacher als in Lübeck. Dagegen ist der Aufwand an Blendmaßwerk bei den beiden Türmen gesteigert. Wie gotische Hochhäuser überragen sie die Stadt und das exakt westlich davor errichtete Rathaus mit seiner dekorativen Schaufront zum Markt vor der Nordseite der Kirche. Die hohen Helme der Kirchtürme fielen 1662 einem Brand zum Opfer. Die barocke Haube auf dem Südturm bietet einen nur bescheidenen Ersatz.

Von seltener Pracht, ungewöhnlich für eine Pfarrkirche nach Reformation und Kriegen, ist nicht nur die restaurierte farbige Fassung des Baus, sondern auch die reiche erhaltene Ausstattung mit Altären, Skulpturen und dem berühmten „Gestühl der Nowgorodfahrer“ mit seinen vier geschnitzten Bildern, die Russen bei der Jagd und beim Handel mit Stralsunder Kaufleuten zeigen.

Schwerin, Dom, Ansicht von Nordwesten (oben) und Chor (unten)

Der Dom Maria und St. Johann Ev. in Schwerin

Um 1270 ist auch der Chor des Schweriner Doms, später Maria und Johannes Ev. geweiht, im Bau. Eine Reliquie des Blutes Christi, die Graf Heinrich von Schwerin 1222 aus dem Heiligen Land mitbrachte, mag Anlass gewesen sein, den beachtlichen romanischen Dom, 1248 geweiht, durch einen gotischen Neubau zu ersetzen. Schmalere Seitenschiffe machen es hier möglich, die Kapellen des Chorumganges voll auszubilden. Hochaufragende Arkaden und ein (zu) niedriger Obergaden führen zu einer überraschend unausgeglichenen Beleuchtung. 1527 wird der Chor geweiht, Ende des 14. Jahrhunderts ist das Schiff vollendet. Im Schiff wird der Obergaden höher geführt, um über

Schwerin, Dom, Langhaus und Chor

größere Fenster, die mit einem sphärischen Dreieck abschließen, mehr Licht in den Raum einzulassen. Es wird heute durch die rekonstruierte Farbfassung des 15. Jahrhunderts reflektiert. In den weiß getünchten Flächen mit grau-

Schwerin, Dom, Grundriss (unten) und Blick auf die südliche Langhauswand und Westwand des Querschiffs (rechts)

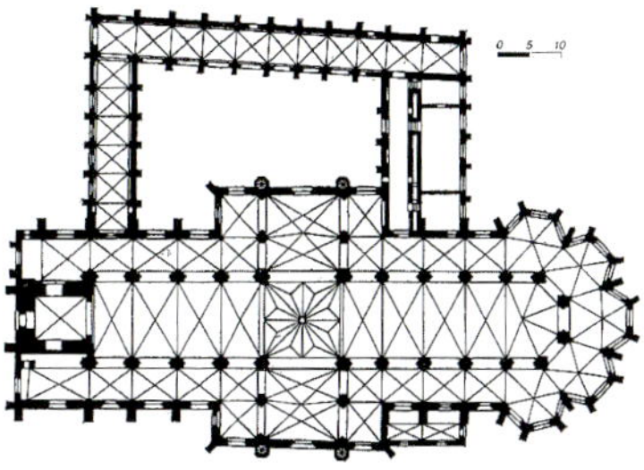

en Diensten sind nur die Rippen der Gewölbe und die Stäbe der Fenster rot und grün akzentuiert. Das macht auch auf die Scheitelrippe nach englischem Vorbild in Schiff und Querhaus und den reichen Rippenstern der Vierung aufmerksam. Der niedrige romanische Westturm blieb bis ins 19. Jahrhundert erhalten. Erst 1890 entstand dagegen der hohe neugotische Westturm nach dem Entwurf von Georg Daniel. Eine im Stadtbild überzeugende Neuerung gegenüber Lübeck ist das dreischiffige Querhaus, dessen schlanke Fassade, von polygonalen Treppentürmen begleitet, mit weiß ausgeputzten Maßwerkblenden im Giebel nur das Mittelschiff betont. Entfernt ist noch das Urbild, die Westfassade der Klosterkirche von Lehnin, erkennbar.

Die Klöster Doberan, Dargun und Pelplin

Der bischöflichen Variante in Schwerin, von einem vornehmen Domkapitel getragen, folgt die klösterliche Ausgestaltung des Lübecker Modells in der Kirche der Zisterzienser zu Doberan – allerdings im Auftrag der Herzöge von Mecklenburg, als deren bevorzugte Grablege das Zisterzienserkloster Doberan entstand. Das fand erst 1920 mit der Bestattung Herzog Albrechts nach über 700 Jahren sein Ende.

Pribislaw, den Heinrich der Löwe nach seiner Zwangstaufe 1164 (?) wieder als Herzog eingesetzt hatte, fiel am 30. Dezember 1178 einer Verletzung durch einen Lanzenstich am Kopf zum Opfer, die er sich bei einem Turnier in Lübeck zugezogen hatte. Dort fand er auch vorläufig sein Grab. Das von Pribislaw in Althof, wenige Kilometer südlich des heutigen Standorts, gegründete Kloster wurde durch den Slawenaufstand 1179 vernichtet. Mönche, Laienbrüder und Bedienstete wurden erschlagen. Unter der Herrschaft seines Sohnes Heinrich I. Borwin erfolgte 1186 die Neugründung des Klosters, dessen romanische Kirche bis auf ein Teilstück auf der Südseite der heutigen Westfassade untergegangen ist.

Allerdings bedeutete der Brand des Dachstuhls und der flachen Holzdecke 1291 noch keine Vernichtung des 1232 geweihten romanischen Baus. Die Grabstätte Pribislaws finden wir im nördlichen Querschiff ebenso wieder wie die kostbare hölzerne Grabfigur der 1282 in Rostock gestorbenen Königin Margaretha von Dänemark: *„Dat closter to Doberan darna verbrande in unses Heren hemelvardens avende van blixen unde unwedes, darume de monike sere wurden bedruvet.“* (Das Kloster zu Doberan verbrannte am Abend von Christi Himmelfahrt durch Blitz und Unwetter, darüber wurden die Mönche sehr betrübt.) In die allgemeine Betrübnis, von der der Lübecker Franziskaner Detmar zum 30. Mai

Bad Doberan, Grundriss der Klosterkirche

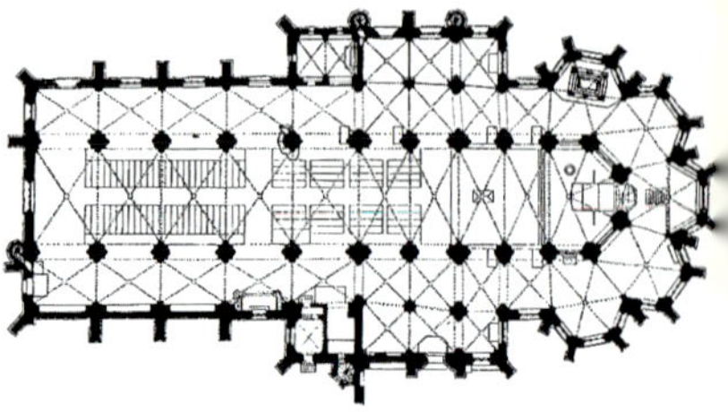

Bad Doberan, Chor der Klosterkirche von Osten

Bad Doberan, Innenansicht

1291 in seiner Chronik berichtet, dürften sich einige Freudentränen gemischt haben. Abt Konrad III. (1285–1291) hatte seinem Nachfolger Johann von Dalen (1294–1299) ein Vermögen von 11 000 Mark in der Baukasse hinterlassen, Anlass genug für einen gotischen Neubau. Ein magister operis Heinrich wird erwähnt. Ein Kontakt zur Backsteinbauhütte des Schweriner Domes unter dessen baulustigem Bischof Gottfried I. von Bülow (1292–1312) ist offensichtlich.

Allerdings machen sich in Doberan Einschränkungen, die die Bescheidenheit der Zisterzienser gebietet, bemerkbar: nur ein Dachreiter, keine Türme und keine Strebebögen – trotz einer Höhe des Gewölbes von 26 m. Auch der Kirchenraum, der in den Chor der Mönche und den westlichen Teil des Schiffs für die Laienbrüder gegliedert ist, erinnert mit seinem überraschend reich erhaltenen Ausstattungsbestand an die ursprüngliche Funktion. Auf den Einbau des Chorgestühls nehmen die Konsolen aus Kalkstuck, die mit elegantem Blattwerk die Dienste an den Pfeilern abfangen, bereits Rücksicht. Bei allem Reichtum der Ausstattung, die teils sogar – weil um 1280 entstanden – noch „neuwertig“ aus dem Vorgängerbau übernommen ist, ist dem Entwurf eine elegante Strenge nicht abzusprechen. Trotz des im Grundriss und am Außenbau ablesbaren Querschiffs gibt es keine Vierung. Die Querhäuser, deren vierteiliges Gewölbe von einem lebhaft ornamental farbig gefassten Achteckpfeiler getragen wird, werden vom Schiff durch Arkadenbrücken getrennt. Das Schiff kann damit als Mönchschor genutzt werden.

Bad Doberan, die südöstlichen Chorkapellen der Klosterkirche

Ein Zugang und ein Kreuzaltar für das Kirchenvolk wie in einer Kathedrale waren für eine Klosterkirche nicht erforderlich. Die Seitenkapellen an den westlichen Chorjochen öffnen sich zugleich auch jeweils zum Querhaus, was den eigenständigen Raumcharakter dieser Nebenräume noch betont. Das Urbild der Süder- und Nordervorhallen der Lübecker Marienkirche ist hier noch zu ahnen. Das architektonische Vorbild wird, ohne den Anspruch, als Kathedrale aufzutreten, für die Aufgabe der Klosterkirche variiert. In Doberan interessieren nicht die Lübecker Rivalitäten zwischen Bischof und Bürgern. Hier möchte man nur die damals modernsten Formen der Architektur nutzen. Bischöflichen Rang erhielt erst Abt Johann V. im Jahr 1402 von Papst Bonifaz IX. Da war der prunkvolle Akt der Weihe des vollendeten Baus am 4. Juni 1568 durch den Schweriner Bischof Friedrich II. von Bülow bereits lange Zeit Vergangenheit.

Zu diesem Zeitpunkt muss das glanzvolle Ensemble der Architektur mit ihrer farbigen Fassung und der weitgehend erhaltenen Ausstattung der Zisterzienserklosterkirche bereits einen ähnlich überwältigenden Eindruck gemacht haben wie heute. Hier ist nicht der Ort, die Ausstattung zu würdigen. Der Raum, in dem sie ihre Wirkung entfaltet, bietet mit der klaren Trennung zwischen den Linien der Rippen und Dienste, den Linien der Arkadenprofile und den Flächen der Pfeiler und Wände eine bewusste Konzentration des Architekten auf das Wesentliche. Die farbige Fassung hebt das Backsteinmauerwerk hervor, anders als die jüngere Fassung des Schweriner Domes. Die weiß verputzte Fläche zwischen Arkaden und Obergaden, dem Dachansatz über den Seitenschiffen entsprechend, erhält durch ein gemaltes Triforium ihre eigentliche Funktion in der gotischen Architektur zurück. Selten wird dem Lübecker Vorbild so deutlich durch einen Rückgriff auf die französischen Kernlandschaften der gotischen Architektur widersprochen.

Die Nutzung der Klosterkirche von Doberan – bis ins 20. Jahrhundert – als Begräbnisstätte der Herzöge von Mecklenburg hat das Ensemble geschützt. Oft war Baumaterial knapp. So wurden die Steine der Klosterbauten von Herzog Johann Alb-

Bad Doberan, das Beinhaus nordöstlich der Klosterkirche

Pelplin, Klosterkirche

recht für den Renaissanceausbau des Schweriner Schlosses genutzt. Nur ein schriftlicher Einspruch seines Bruders Herzog Ulrich verhinderte 1555, dass auch die Backsteine der Klosterkirche diesem Zweck zugeführt wurden. Die Wirren und Plünderungen des Dreißigjährigen Krieges richteten manchen Schaden an, bedrohten mit dem Raub von Blei und Kupfer von den Dächern die Existenz des Bauwerks. So hat auch erst die Restaurierung des 19. Jahrhunderts die Kapellen des Chorumgangs unter einzelne Dächer gesetzt. Zuvor fasste nach gewohntem Bild ein gemeinsames Dach den Chorumgang zusammen.

Ein kleines Juwel der spätstaufischen Backsteinarchitektur Mitte des 13. Jahrhunderts ist der achteckige Zentralbau St. Michael, Beinhaus mit Totenkapelle darüber im Mönchsfriedhof an der Nordseite der Klosterkirche. Die krönende Laterne fehlt. Aber die straffe Gliederung, der konsequente Wechsel glasierter und unglasierter Backsteine – in braun und grün –, schmuckreich ornamentierte Giebel und in die Wand eingebundene Dreiviertelsäulen geben der Bewunderung reiche Nahrung.

Das architektonische Vorbild Doberan nehmen die Tochterklöster Dargun und Pelplin auf. In Dargun zogen, nachdem die ersten dänischen Mönche nach Eldena geflüchtet waren, im Jahre 1209 Zisterzienser aus Doberan ein. Ihre erste Kirche war um 1270 vollendet. Erst mit dem Neubau von Chor und Querschiff ab 1464, bereits 15 Jahre später vollendet, wird der gotische Bau des Mutterklosters wirksam, aber spätgotisch reduziert ausgeführt.

Nach Pelplin, südlich von Danzig, verlegten die von Herzog Sambor II. 1258 aus Doberan gerufenen Mönche 1276 ihren Sitz. Bald danach wurde der Bau der großzügig konzipierten Klosterkirche begonnen, die allerdings bei basilikalem Aufbau einen geraden Chorschluss vorzog. Die Querhäuser aber wurden, wie in

Doberan, ohne Vierung angefügt, die Pfeiler bruchlos zu den reichen Gewölben geführt, die man erst im 15. und 16. Jahrhundert einzog.

St. Marien in Rostock

In den gleichen Jahren des späten 13. Jahrhunderts, in denen in Lübeck, Schwerin, Stralsund und Doberan diese Chöre entstehen, beginnen auch die Bauarbeiten am Chor der Hauptpfarrkirche Rostocks, St. Marien. Der noch nicht vollendete Bau stürzt am 12. März 1398 ein. Dies berichtet die rechts neben dem südlichen Querschiffportal eingefügte Inschrift, die stolz betont, dass der Wiederaufbau bereits am 15. April des gleichen Jahres begonnen wurde. Was nun binnen eines halben Jahrhunderts entsteht, erwächst aus einem ungewöhnlichen Konzept. An den roten Backsteinen ist der übernommene Chor des Ursprungsbaus bis zum Ansatz der Gewölbe zu erkennen. Einen neuen Gedanken formulieren die zwischen die jeweils ersten beiden Chorkapellen im Süden und Norden gesetzten Treppentürmchen, denen mit entsprechend gestalteten Strebepfeilern nach Osten geantwortet wird. Das Mauerwerk des wiederaufgebauten Teils ist durch den Wechsel von gelbem und grünglasiertem Backsteinmaterial erkennbar. Die Auszahnungen für Strebebögen, auf deren Ausführung schließlich verzichtet wurde, sind noch am Obergaden sichtbar. Empfand man dieses Lübecker Zitat auf einmal als überflüssig? Statisch jedenfalls waren die Strebebögen offensichtlich nicht notwendig.

Rostock, St. Marien

Ein Querhaus von gleichen Dimensionen wie das Mittelschiff gibt der Vierung die Rolle eines Mittelpunkts in einem Zentralraum, der allerdings liturgisch nie so genutzt

Rostock, St. Marien, Grundriss

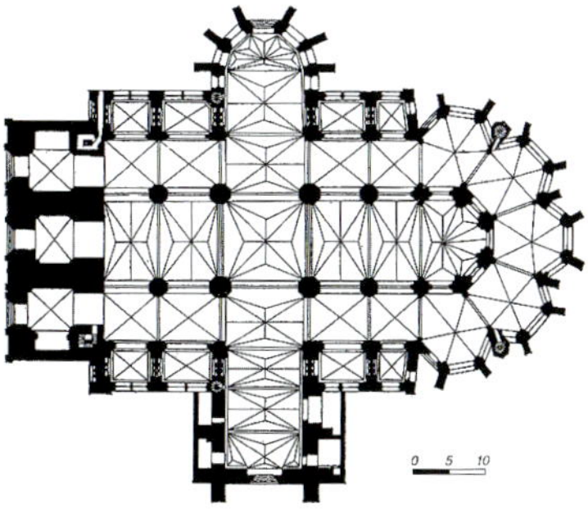

Wismar, Nikolaikirche

wurde. Die frühen Pfeiler führen die Profilierung der Arkadenbögen bis zum Sockel durch. Im Wiederaufbau werden glatte Achteckpfeiler eingesetzt, die die Steilheit des Raumes mit 51 m Höhe und den gegliederten Reichtum des Sterngewölbes noch betonen. Der Westbau, ursprünglich ein Turm als westlicher Abschluss der frühen Hallenkirche, erhält im 14. Jahrhundert Seitentürme, deren Mauerwerk im Wechsel rote und schwarze Backsteine zeigt und reich durch Maßwerkblenden gegliedert ist. Über dem dritten Geschoss des Mittelturms ist ein Fries aus glasierter Keramik des 15. Jahrhunderts eingefügt. Er zeigt Christus, die Apostel und Halbfiguren von Propheten, die ursprünglich vielleicht für einen Lettner bestimmt waren.

Marienkirche und Nikolaikirche in Wismar

In Wismar wird das Vorbild der Lübecker Marienkirche zweimal binnen eines Jahrhunderts aufgegriffen. Mit dem Baumeister Johann Grote schließt der Rat der Stadt um 1330 einen Vertrag für den Neubau der Pfarrkirche St. Marien. Bereits 1353 kann der

Chor geweiht werden. Das Langhaus wird an der Stelle der vorhergehenden Hallenkirche errichtet. Um die Jahrhundertwende erhält die Marienkirche Vorhallen an der Nord- und Südseite mit je einem zentralen Pfeiler, die wie in Lübeck und Doberan das Querhaus ersetzen. Der einzelne Turm im Westen entspricht dem gotischen Hallenkirchenschema. Nur er ist nach den Zerstörungen 1945 und der Sprengung der Ruine des Schiffs 1960 heute noch erhalten.

Jenseits des kleinen Flüsschens Grube, das in den Alten Hafen von Wismar mündet, wird bereits im 15. Jahrhundert eine zweite Pfarrkirche errichtet – die Nikolaikirche. Der Neubau der Marienkirche gab dazu die Anregung. 1381 wird dafür mit Heinrich von Bremen ein Vertrag geschlossen. Um 1415 ist der Chor fertig gestellt. Erst ab 1434 werden die Bauarbeiten unter der Leitung von Hermann Münster gemeinsam mit Werkmeister Peter Stolp weitergeführt. Eine Bauinschrift am Fuß des südwestlichen Treppenturms notiert: *„na der bort unses heren dusent cccc xxxvii iar to deme paschen do wart dalebroken desse afzyde und dat fundament*

Wismar, Nikolaikirche, Innenansicht

wart ghelecht xxij vote deep und wart up ghebuwet in deme somere wente boven de doren peter stolp faber operarius huius ecclesie“ – (Nach der Geburt unseres Herren im Jahr 1437 zu Ostern da wurde abgebochen diese Abside und das Fundament wurde gelegt 22 Fuß tief (also gut 6 m) und die Wände wurden in diesem Sommer hochgezogen bis über die Tür Peter Stolp Werkmeister dieser Kirche). Er leitet den Bau der Südvorhalle mit ihrem Prunkgiebel, geschmückt mit einem Reigen von glasierten Reliefplatten – Maria und ein Bischof, wohl Nikolaus, jeweils im Wechsel, den eine der Wand vorgeblendete Rose mit Sonnenmotiv im Zentrum abschließt. Die gleichen Platten lassen sich auch an St. Georgen wie auch an profanen Bauten in Wismar, in Mecklenburg und sogar am 1893 abgebrochenen Brauhaus des Lübecker Burgklosters nachweisen.

Wismar, Nikolaikirche, Grundriss

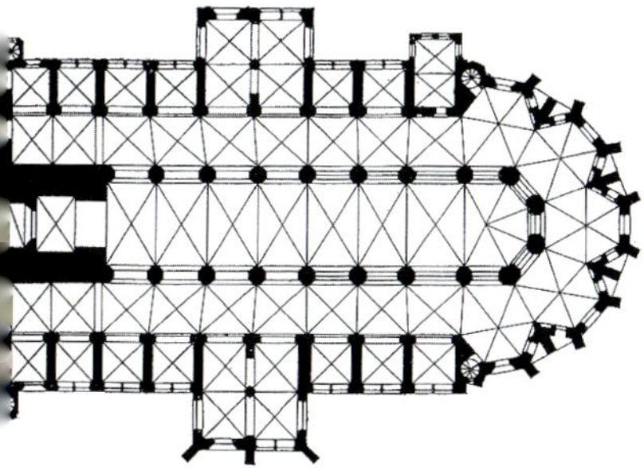

Wismar, Nikolaikirche, Vierungsgewölbe

Hermann Münster, der auch an St. Georgen in Wismar tätig ist, und Werkmeister Peter Stolp errichten zwischen 1455 und 1459 das Langhaus, das anschließend eingewölbt wird. Erst 1508 ist der hohe Turmhelm vollendet, der 1705 während eines Sturmes einstürzt und die Gewölbe des Mittelschiffs zerstört, die erst 1867 erneuert werden. Die Höhe des Mittelschiffs ist mit 37 m fast auf Lübecker Maß gesteigert. Die Vorbilder werden mit konsequenter Schlichtheit umgesetzt. Eine prismatische Flächigkeit kennzeichnet das Äußere, dünne, scharfe Linien prägen den Innenraum. Nur der bereits erwähnte Giebel der südlichen Vorhalle – wie die nördliche mit einem zentralen Pfeiler auch hier Querhausersatz –, mit glasierten Figurenplatten geschmückt, demonstriert Pracht und Fülle.

Wismar, St. Marien

In diesen Jahren entsteht auch in Lüneburg, dessen Reichtum auf dem nicht versiegenden Bedarf des Ostseehandels an Salz beruhte, eine Kirche nach dem Konzept von St. Marien in Lübeck. Im Viertel der Schiffer, im „Wasserviertel" nahe dem Hafen an der Ilmenau, errichtet der Rat Anfang bis Mitte des 15. Jahrhunderts in einem Zug eine Kirche, an deren Ausstattung sich besonders die Gilden der Schiffer und Böttcher, die die Transportfässer produzieren, beteiligen. Bereits der streng gehaltene Außenbau der Nikolaikirche mit seinen steil aufsteigenden Strebebögen lässt die schluchtartige Atmosphäre des Mittelschiffs ahnen; die Strebebögen wurden allerdings erst im 19. Jahrhundert durch Carl Wilhelm Hase über das Dach verlegt. Auch das Innere wurde überarbeitet. Der eindrucksvollen Wirkung der Sterngewölbe, die in schmalen Diensten über die achtseitig konkav geschwungenen Pfeiler zum Sockel verspannt sind, wurde dabei nichts genommen. Die Gewölbe antworten der ausgeprägten Plastizität der Architektur, die das Auge wandern lässt und keinen Ruhepunkt anbietet.

Stralsund, St. Marien am Frankenteich

St. Marien in Stralsund

Ganz anders St. Marien in Stralsund. Bewusst ins Überdimensionale gesteigert, nur wenige Meter kürzer als die Lübecker Marienkirche, wie sonst nur der Schweriner Dom und die Marienkirche in Danzig mit dreischiffigem Querhaus und einem Westurm, dessen Helm einst eine Höhe von 150 m erreichte. 1647 durch Blitzschlag zerstört, ersetzt ihn seit 1708 die heutige barocke Haube. Ihr antwortet der Dachreiter über der Vierung. St. Marien ist die Pfarrkirche der Neustadt, die im rasch wachsenden jungen Stralsund den Westteil des von Seen umgebenen Stadtgebiets mit dem Neuen Markt als Zentrum füllt. Als 1382 oder 1384 der Vorgängerbau einstürzte, „*done fell unser leüven froven karcke und chur nedder*", erwachte der Ehrgeiz der Gewandschneider. Seit 1370 neben den patrizischen Ratsherren gleichberechtigte Kaufleute, nahmen sie sich des Neubaus an. Ihr Gestühl, ursprünglich im Chorumgang der Nikolaikirche aufgestellt, erhielt später den alles dominierenden Standort in der Vierung von St. Marien.
Zuerst musste jedoch der Bauplatz vorbereitet werden. Für jeden Stein der eingestürzten Kirche, der geräumt wurde, gab es sechs Tage Ablass. So hieß es später, dass die Armen tagsüber und die Reichen nachts die Trümmer beseitigt hätten. Dabei hat man das kostbare Baumaterial sicher einer Zweitverwendung zugeführt. Die Finanzierung des Neubaus machten sich die

Stralsund, St. Marien, Grundriss

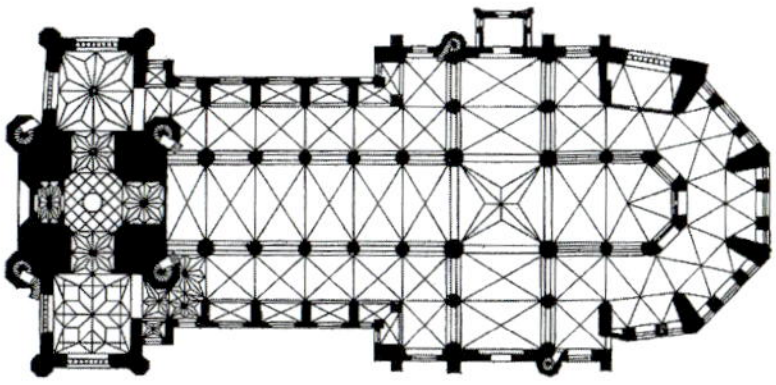

Stralsund, St. Marien

Altermänner der Gewandschneidergilde zur Aufgaben mit dem Ziel, die patrizische Nikolaikirche zu übertrumpfen. Hermann Kemmering, Altermann der Gewandschneider, hatte damit begonnen. Die Mitglieder seiner Gilde, deren Hilfe er bald beanspruchen musste, griffen zu einer Finanzierungsmethode, die uns heute recht bekannt vorkommt: Sie nahmen Kapital gegen das Versprechen an, Leibrenten zu zahlen. Mit neuem Kapital baute man weiter und zahlte die Leibrenten. Es heißt, dass eine Pest im Jahr 1455, die in Stralsund 7000 Opfer forderte, die Gewandschneider von ihren finanziellen Sorgen befreit habe: Ein frühkapitalistisches Risikospiel – mit dem Erfolg eines architektonisch großartigen Resultats.

Für den Chor von St. Marien in Stralsund wurde das Lübecker Modell abgewandelt. Die Außenmauern zeichnen nicht die Seiten des sechseckigen Gewölbes nach. Sie verbinden die Außenseiten der Strebepfeiler, die sie in Zwischenwände der Kapellen des Chorumgangs umfunktionieren. So sind auch die halben Fenster zu erklären, die der Brechung der Außenwand um die Strebepfeiler folgen. Die Außenansicht des Chores erhält so die gleiche Strenge wie die zeitgenössischen Hallenumgangschöre, eine Strenge, die durch die ungebrochenen Stäbe des Maßwerks noch betont wird und auch auf Belebung durch Strebebögen verzichtet. Wie am Langhaus des Schweriner Domes und am Chorumgang von St. Marien wird am Langhaus der Zuschnitt des Fensterabschlusses als sphärisches Dreieck gehalten. Vielleicht spricht dies für einen Beginn der Bauarbeiten im Bereich der Vierung.

1416 oder 1417 begann man in Stralsund, die Fundamente für den monumentalen Westturm von St. Marien zu legen; er erinnert mit seinen vier begleitenden Treppentürmen an zeitgenössische Tortürme, sicher nicht zufällig. Im Schutz der Treppentürme werden die beiden letzten, mit Blendmaßwerk geschmückten Geschosse achteckig ausgeführt. 1460 werden die Glocken eingebracht, für die im mittleren Gewölbe des Turmes ein Sprengring inmitten des Netzgewölbes geöffnet werden kann. 1475 sind die Bauarbeiten so weit abgeschlossen, dass Meister Rose den Auftrag für den Helm erhält. Fünf Jahre später ist die 149 Ellen hohe Turmspitze vollendet und kann Knopf und Hahn in der stolzen Höhe von 150 m tragen.

Mit der Marienkirche in Stralsund hat auch der Westbau eine spätgotische Lösung erhalten, die überzeugt. Nördlich und südlich der Stützen des Turmes öffnen sich helle, hohe Räume, durch straff gegliederte Fenster erschlossen, mit reich gestalteten Gewölben. Weit über die Breite des Schiffs hinausgreifend, die Breite des östlichen Querhauses aufnehmend, mittelschiffshoch geöffnet, entsteht hier fast ein westliches Querhaus, dessen Giebel den Westturm en miniature zitiert. Ein neues Raumgefühl kündigt sich hier bereits an, das seine Erfüllung im östlichen Bereich der Hanse finden wird.

Bleiben wir noch einen Moment beim Thema Basilika. Der klassischen Konzeption, ein Mittelschiff mit durchfenstertem Obergaden, begleitet von niedrigeren Seitenschiffen, war man auch ohne „lübischen“ Chor durchaus treu geblieben. So wird die Halle des Domes St. Nikolai in Greifswald um 1400 zur Basilika aufgestockt und um einen fast gleich langen Chorneubau im Osten ergänzt. Statt eine der üblichen Chorlösungen zu wählen, werden die Seitenschiffe abgeschrägt geschlossen, wie es uns auch bei der Marienkirche in Anklam wieder begegnet. In der Breite des Mittelschiffs wird der Westturm hochgeführt, von vier runden Eckwarten begleitet und in raschen Schritten abgetreppt ins Achteck überführt. Es ist ein abwechslungsreiches Bild, durch eine reiche Variation von Blendmaßwerk belebt, dessen Architektur durchaus – wie bei der Marienkirche in Stralsund – an zeitgleich entstandene Tortürme erinnert.

Stralsund, St. Marien, Sterngewölbe im Südwesten des Schiffs

1655 ist der schlanke gotische Helm der Nikolaikirche durch eine markante barocke Haube ersetzt worden. Ein ähnliches Bild bietet die Jakobikirche in Stralsund, ebenfalls um 1400 von einer Halle in eine Basilika umgebaut, deren Turm in schlankeren Formen ein ähnliches Konzept verwirklicht.

St. Georgen in Wismar

St. Georgen, Wismar

Unvollendet geblieben, und nach Ende des Zweiten Weltkrieges lange Zeit nur noch Ruine, ist der 1404 begonnene Umbau der Georgenkirche in Wismar, die ebenfalls von der Rückkehr zur Basilika zeugt. Nach einem ersten Beginn mit dem Untergeschoss des Turmes und der Wollenweberkapelle kamen die Bauarbeiten für die dritte Kirche an dieser Stelle für eine Generation bis etwa 1445 zum Erliegen. Der Turm war für eine Hallenkirche geplant, ähnlich den frühen Planungen der Marienkirchen in Lübeck, Rostock oder Wismar.

Mit der Wiederaufnahme der Bauarbeiten Mitte des 15. Jahrhunderts wird nun das letzte große Bauunternehmen einer Stadtpfarrkirche im mittelalterlichen Norddeutschland in Angriff genommen. Die gleichen glasierten Schmuckplatten, die von Hermann Münster bereits am Giebel der Südvorhalle von St. Nikolai verwendet wurden, Maria und ein Bischof, setzt er nun zusammen mit Kopfmasken und Fabelwesen als Baumeister von St. Georgen am Nordquerhaus ein.

Als dreischiffige Basilika mit einschiffigem Querhaus konzipiert, vermutlich von Beginn an mit gerade geschlossenem Chor gedacht, werden zwischen die Strebepfeiler hohe Einsatzkapellen eingefügt.

Ein schlankes, dadurch noch steiler wirkendes Querschiff gibt hier, wie bei St. Marien in Rostock, der Architektur einen Zentralbauaspekt bei einer Gewölbehöhe von 35 m. Weder am Chor, für den verschiedene Abschlüsse: denkbar wären gerade – wie z. B. für die Marienkirche in Danzig –, aber auch mit Chorumgang nach üblichem Lübecker Schema, noch am Westturm sind die Bauarbeiten im 16. Jahrhundert fortgeführt worden. Die Schaugiebel der Nordostkapelle, zugleich der Zugang zur Kirche vom Markt, werden Ende des 15. Jahrhunderts zu den letzten Arbeiten an der Kirche gehört haben. Noch prunkvoller waren zwar die doppelzonig angelegten Schaugiebel der Sakristei der zerstörten Marienkirche, aber das Vorbild der Schaugiebel Heinrich Brunsbergs ist zu erahnen.

Mit den Auswirkungen der Reformation war dann Kirchenbau vorerst kein Thema mehr. Nun war fürstliches Bauen angesagt. In den Jahrzehnten vor der Wiedervereinigung hatte St. Georgen das Glück der Vernachlässigung, die Ruine verfiel weiter. Die alte wie die neue Sakristei und die Fürstenempore mussten 1961 abgerissen werden. Ein Wiederaufbauverein ist bereits 1987 vor der Wende in Lübeck gegründet worden. Im großen Sturm des Jahres 1990 fiel der Nordgiebel des Querhauses, das war der letzte Anlass, sich nun des Wiederaufbaus anzunehmen. Bis 2010 soll das Projekt abgeschlossen werden.

VON VERDEN BIS DANZIG – VARIATIONEN VON HALLENUMGANGS-CHOR UND HALLENKIRCHE

Der Dom zu Verden spielt für die Backsteinarchitektur unserer Region eine interessante Rolle. Das Architekturkonzept der Hallenkirche, wie es hier entwickelt worden ist, hat über die St. Johannis-Kirche in Lüneburg, Sitz eines Verdener Archidiakonats, reiche Nachfolge gehabt. Verden selbst ist mit den in Backstein ausgeführten oberen Geschossen des romanischen Westturms aus der Mitte des 12. Jahrhunderts ein sehr frühes Beispiel für die Verwendung unseres Materials, das auch später am Neubau des Domes Einsatz findet.

Der Grundstein für den Neubau nach einem Brand 1274 wird durch Bischof Konrad von Braunschweig-Lüneburg gelegt, dessen Herkunft

Verden, Dom, Innenansicht nach Osten

auch Hinweis auf weitere Entwicklungen ist. 1512 kann sein Nachfolger bereits im Chor begraben werden, für 1525 verzeichnet man ein erstes Pontifikalamt. Chor und Querhaus sind

Verden, Dom, Ansicht von Südosten mit Chor

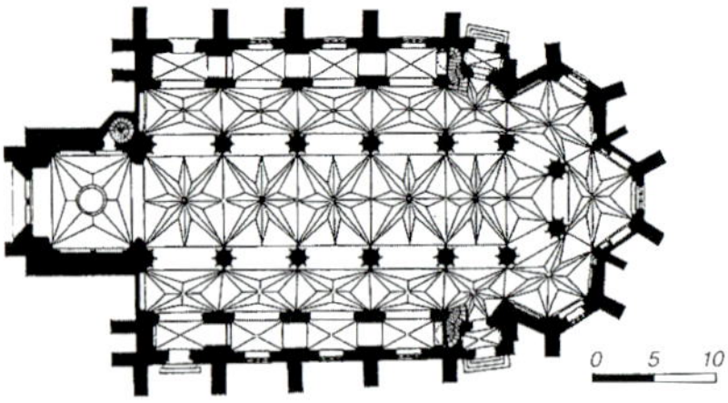

Stendal, Marienkirche, Grundriss

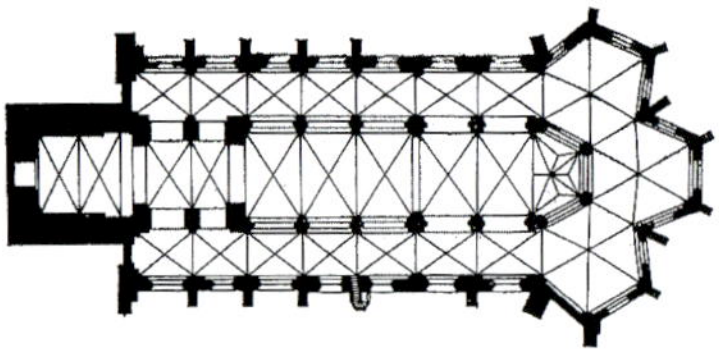

Bützow, Stiftskirche, Grundriss

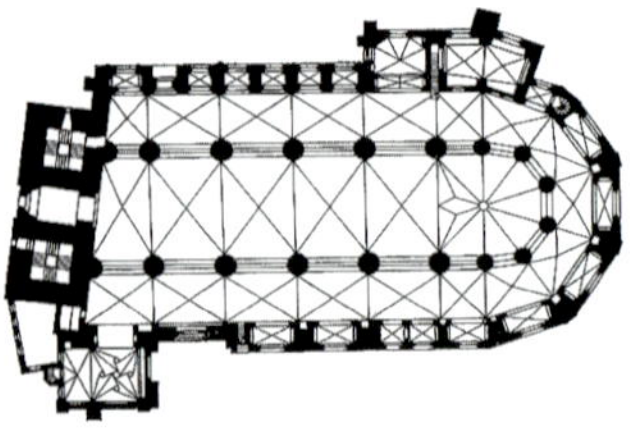

Lüneburg, Nikolaikirche, Grundriss

benutzbar. Erst Ende des 15. Jahrhunderts wird das Schiff auf den vorhandenen Fundamenten vollendet. Und dies erfolgt getreu den Formen von Chor und Querhaus folgend, die nun schon ein Jahrhundert alt sind. Als Material nutzt man nun ausgiebig Backstein, innen unter Putz – selbst die Pfeiler entstehen so –, außen im dekorativen Wechsel glasierter und unglasierter Steine am Giebel des Querhauses.

Hallenumgangschöre von Lüneburg bis Spandau

In Lüneburg, bis 1571 Residenz der Herzogsfamilie des Verdener Bischofs, interessiert man sich beim Bau der Johanniskirche um 1300 nicht für den Verdener Hallenumgangschor, aber für die Halle selbst. Die Rundpfeiler nehmen über je vier Dienste die Linien der Arkaden, der Gurtbögen und Rippen auf. Mit der Eroberung und Zerstörung der herzoglichen Burg auf dem Kalkberg 1371 übernehmen die Lüneburger Patrizier nicht nur die Stadtherrschaft, sondern auch das Kirchenpatronat. Der Ausbau der Johanniskirche zur Fünfschiffigkeit war zu diesem Zeitpunkt bereits abgeschlossen, der Westturm, dessen Helm 106 m Höhe erreicht, bereits Wahrzeichen der Stadt. Nach einem Brand zu Beginn des 15. Jahrhunderts musste er erneuert werden. Die neben dem Chor eingebauten Emporen, im Süden als Sitz für den Rat und im Norden für die vornehme Junkergilde, sind seit dem späten 14. und 15. Jahrhundert auch äußere Zeichen der neuen Herrschaftsverhältnisse. Das hindert die herzogliche Familie jedoch nicht, das Baukonzept der Verdener Halle nach ihrer Niederlage 1371 in Lüneburg selbst zu vertreten. Die fürstliche Grablege der Billunger und Welfen, ein Benediktinerkloster, ursprünglich unterhalb der Burg am Kalkberg gelegen, musste nun innerhalb der Stadtmauern Platz finden. Wenige hundert Meter entfernt, im Westen der Stadt, greift Maurermeister Hinrik Bremer das Hallenthema mit dem Bau der Michaeliskirche seit 1376 wieder auf. Bereits 1390 kann der Chor geweiht werden.

Zu Beginn des 14. Jahrhunderts hatten die Marktkirche in Hannover, die Petrikirche und die Jacobikirche in Hamburg, in der Mitte des Jahrhunderts die Stiftskirche von Bardowick und schließlich seit Ende des 14. Jahrhunderts die Wallfahrtskirche St. Nikolaus in Wilsnack und im 15. Jahrhundert Dom und Marienkirche in Stendal das Vorbild der Lüneburger Hallenkirchen aufgenommen. Die Marienkirche in Stendal greift nach über einem Jahrhundert sogar den Verdener Hallenumgangschor wieder auf. Der Stolz der Bürgerschaft, deren Stadt 1559 Mitglied der Hanse wurde, spricht aus diesem zentral in der Stadt gelegenen Bau.

Im Chor der Marienkirche in Stendal entspricht, wie am Dom zu Verden, der Fünfachtelschluss – der Chorschluss aus fünf Seiten eines Achtecks – der Pfeilerstellung des Chores, den Gewölben des Umgangs und der Brechung der Außenwand. Diese fächerartige Form ist eine glückliche Lösung, wenn das Geschehen im Chor durch dicht gestellte Pfeiler abgeschirmt werden soll. Die Offenheit aber, der freie Blick, den das Hallenkonzept vertritt, wird durch andere Lösungen verwirklicht. Und dafür wird vielfältig experimentiert.

In Bützow variiert man das „lübische“ Chormodell; um 1560 werden hier drei sechseckige Kapellen an den Dreisechstelschluss des Chores der als Halle ausgebildeten ehemaligen Kollegiatstiftskirche angeschlossen. Mit dem Akzent eines halben Sternes im Chorgewölbe noch betont, ist so der gleichförmige Charakter aufgegeben, der die frühen Hallenbauten prägt. Ganz konsequent bleibt man in Friedland

Hamburg, Petrikirche, Lithographie Anfang 19. Jahrhundert

mit der Marienkirche, die vom frühen 14. bis ins späte 15. Jahrhundert als Hallenkirche mit geradem Schluss im Osten fortgeführt wird. Im Osten hatte man den Bau um 1550 begonnen, Mitte des 15. Jahrhunderts war der Westbau abgeschlossen, um dann im Osten, erneut mit geradem Abschluss, zwei Joche anzufügen. Der massive Ostgiebel ersetzt allerdings erst seit der Restaurierung der Kirche im späten 19. Jahrhundert einen provisorischen Fachwerkgiebel.

Die Marienkirche in Anklam dagegen besaß ursprünglich einen niedrigeren einschiffigen Chor als Abschluss der dreischiffigen Halle. Ende des 15. Jahrhunderts wurde der Chor dann auf die Höhe der Halle aufgestockt und mit niedrigen Seitenschiffen versehen. Diese sind schräg an ein zusätzliches östliches Chorjoch herangeführt, und so erinnert die Konzeption an St. Niko-

Anklam, Nikolaikirche

lai in Greifswald, an die Kreuzkirche in Spremberg und ebenso an Hallenkirchen des österreichischen und süddeutschen Raumes, die im 15. Jahrhundert entstanden. Man schaute sich halt um.
So ist neben dem schlichten einschiffigen Chor, wie er z. B. an die Halle der Marienkirche in Berlin angefügt wird, ein dreiapsidialer Schluss nicht selten. In unterschiedlicher Ausgestaltung wird dabei die Ostwand der Halle in drei Apsiden verwandelt. Das tritt – wie wir es bei der Marienkirche in Prenzlau kennen gelernt haben – am Außenbau zum Teil kaum in Erscheinung. Kräftiger sind hingegen die Rundungen der Apsiden an der Nikolaikirche in Anklam ausgeprägt, ebenso auch an der Johanniskirche in Werben. Bei der Marienkirche in Pasewalk werden auch die beiden westlich anschließenden Kapellen aus der Flucht der Seitenschiffe heraus in Bewegung gesetzt. Dagegen wird an St. Bartholomäus, der Stadtkirche von Demmin, die mittlere Apsis um ein Joch nach Osten versetzt. Alle diese Lösungen haben ihren Reiz. Alle widersprechen aber auch dem konsequenten Ziel der Halle, einen einheitlichen Raum aus gleichen Bauteilen regelmäßig gesetzt zu schaffen. Dies bietet in perfekter Form der gerade Abschluss im Osten und als Steigerung – eigentlich bereits ein Widerspruch – der Hallenumgangschor. Der Hallenumgangschor, der die Seitenschiffe der Halle rings um eine das Mittelschiff abschließende Stellung der Pfeiler führt, ist besonders in den historischen Grenzen des Landes Brandenburg vertreten und dringt nicht in die großen Städte an

Berlin, Nikolaikirche

der Küste vor, deren Vorlieben wir ja bereits kennen. Auch in Österreich, im benachbarten süddeutschen Raum und in Böhmen, also im Südosten des Reiches, wird das Modell des Hallenumgangschores entwickelt und variiert.

Als man 1545 für die Kirche des Zisterzienserklosters Zwettl den Chorgrundriss des dritten Baus von Clairvaux und des zweiten Baus von Pontigny modernisiert, hatte man noch das Basilikalschema vor Augen, plante also einen Obergaden über dem Chor. Erst 1555 oder 1560 hat man sich für den Hallenumgangschor entschieden. Zu diesem Zeitpunkt ist der Grundstein (1551) für den Hallenumgangschor der Heiligkreuzkirche in Schwäbisch-Gmünd bereits gelegt. Und hier entsteht das eigentlich Neue. Der geradlinige, fächerförmige Bezug von Strebepfeilern über Rippen des Gewölbes zu Pfeilern und Schlussstein des Chores wird aufgegeben. Dies ist für die Heiligkreuzkirche bereits im Grundriss festgeschrieben. Auch wenn wir den ursprünglichen Gewölbeplan nicht kennen – die heutigen Gewölbe sind erst Ende des 15. Jahrhunderts eingezogen worden –, beginnt hier Mitte des 14. Jahrhunderts der Siegeszug eines neuen

Berlin, Nikolaikirche, Grundriss

Berlin, Nikolaikirche, Chor

Raumkonzeptes. Fenster, Wände und Gewölbe werden dabei von hohen, schlanken Pfeilern aus in Spannung gesetzt. Die Briefkapelle der Marienkirche in Lübeck entspricht dem Ideal, das hier im Großen verwirklicht ist.

Doch sonst vermögen und beabsichtigen die Bauten in Backstein nicht, jene Raumwirkung zu erreichen, die z. B. die benachbarten Hallenkirchen Sachsens in Werkstein verwirklichen. Dem Reichtum der Netzgewölbe und dem kühnen prismatischen Schnitt der Pfeiler sowie der weiten Öffnung des Raumes werden in der Backsteinarchitektur ausgleichende Gewichtung von Pfeilern, Wand, Gewölbe und Fenstern, aber auch ausgeglichene Verhältnisse in Höhe, Breite und Tiefe des Raumes gegenübergestellt. Ist dies der Ausdruck der Bedingungen des Materials oder Absicht und Plan der Bauherren und Architekten? Immer wieder kehren wir zu dieser Frage

zurück, ohne eine eindeutige Antwort zu erhalten.
Mit St. Nikolai in Berlin, deren Hallenchor vor 1379 begonnen wird, und der im Zweiten Weltkrieg zerstörten Marienkirche in Frankfurt an der Oder, deren Umbau um 1367 beginnt und mit einem Hallenchor abgeschlossen wird, mit St. Marien und St. Nikolai in Luckau und schließlich mit der Nikolaikirche in Spandau beginnt die rasche Blüte der Hallenumgangschöre in der zweiten Hälfte des 14. Jahrhunderts. Der Fünfachtel-Chorschluss und der Neunsechzehntel-Schluss der Choraußenwand mit niedrigen Kapellen zwischen den Strebepfeilern nimmt in St. Nikolai in Berlin deutlich Bezug auf süddeutsche Vorbilder. In Frankfurt an der Oder und in Spandau wird bereits vereinfacht: dem Dreisechstelschluss des Chorraumes antwortet eine siebenseitige Außenwand des Chorumgangs. Das ist auch für andere Bauten ein mögliches Modell. Aber es geht mit einer fünfseitigen Außenwand des Chorumgangs noch einfacher und schlichter. Im 15. Jahrhundert wird dies, bei aller individuellen Ausgestaltung, die weitaus gebräuchlichste Grundform des Hallenumgangschores.

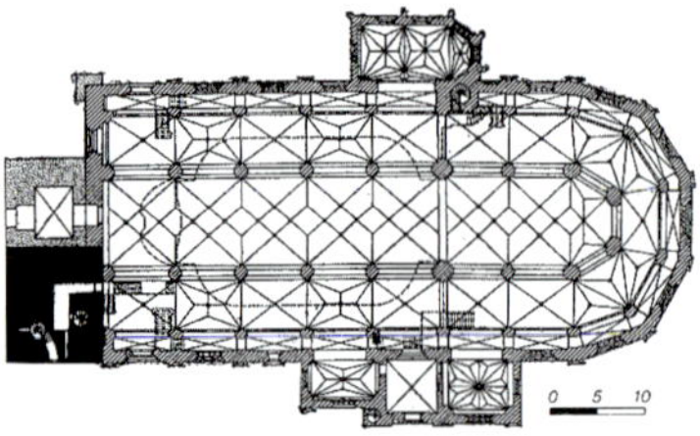

Brandenburg, Katharinenkirche, Grundriss

Brandenburg, Katharinenkirche, Baumeisterinschrift

Hinrich Brunsberg – virtuose Gotik in Backstein – die Katharinenkirche in Brandenburg

Um einen der schönsten und geschlossensten Bauten dieser Grundrissform, die Katharinenkirche in Brandenburg, hat die Forschung eine Künstlerbiographie wachsen lassen. Die Fronleichnamskapelle an der Nordseite der Kirche weist in einer Inschrift das Entstehungsdatum und den Baumeister aus: „*Anno d[o]m[ini] MCCCCI co[n]structa e[st] h[a]e[c] ecc[lesi]a in die assu[m]pcionis marie virginis per magistru[m] hinricum brunsbergh d[e] stetin*“ (Im Jahr des Herrn 1401 ist diese Kirche am Tag der Himmelfahrt Mariens (15. August) durch Meister Hinrich Brunsberg aus Stettin erbaut worden). Nun sind durch andere Inschriften und Quellen weitere Architekten im Gebiet der Backsteinarchitektur bekannt, allerdings nicht viele. Und nirgendwo bezieht sich eine der Quellen auf einen so prunkvoll geschmückten Bau von vergleichbar geschlossener

Brandenburg, Katharinenkirche, Chor von Süden

Konzeption. Das hat dazu geführt, dass man Hinrich Brunsberg, dessen Name im Buch der (Rechts-) Streitigkeiten der Stadt Stettin mehrfach durch das Bemühen auftaucht, ausstehende Gelder einzutreiben, einige weitere Backsteinbauten zuschreibt.

Besonders die dreigeschossige Besetzung der außen nur flach angedeuteten Strebepfeiler mit Blendmaßwerk, wie an der Katharinenkirche in Brandenburg, am Chor von St. Stephan in Gartz/Oder, an der Südseite der Kirche St. Jakobi in Stettin (Szczecin), an der Kirche St. Maria in Königsberg/Neumark (Chojna), wie auch Anklänge an Hinrich Brunsbergs Architektur am Dom zu Cammin (Kamień Pomorski), alle drei im heutigen Polen, oder am Prunkgiebel des Rathauses von Tangermünde haben dazu geführt, ihm diese Bauabschnitte oder Bauten zuzuschreiben – ohne jeglichen schriftlichen Beleg.

Handelt es sich hier also um eine große Künstlerpersönlichkeit, die sich in Backsteinarchitektur auszudrücken vermag? Oder war es nur eine Werkstatt, die Formstücke in dieser Qualität zu liefern vermochte? Oder waren es Zeichnungen, die die Formen vermittelten? Diese Fragen werden weiter zu diskutieren sein.

Die Katharinenkirche in Brandenburg, deren Erbauung sich Meister Hinrich Brunsberg in seiner Inschrift rühmt, ist mit dem Gewölbe des Mittelschiffs und Hallenumgangschor wohl erst Mitte des 15. Jahrhunderts von Henrik Reinstorp vollendet worden, der auch den Chorbau der Hallenkirche St. Gotthardt in Brandenburg bis

Brandenburg, Katharinenkirche, Blick ins Gewölbe

1475 leitete. Die Gewölbekonfiguration der Parallelrippen im Mittelschiff der Katharinenkirche zeugt von der Kenntnis der Baukunst der Parler in Prag. Dass die Halle einige Jahrzehnte einen geraden Abschluss hatte, daran erinnert noch heute der farbig gestaltete Giebel im Dachraum. Bei der Ausführung des zweiten Bauabschnitts, mit dem der Hallenumgangschor vollendet wurde, hat man nach dem Tod Hinrich Brunsbergs wohl auf die ursprüngliche Konzeption seiner Pläne Rücksicht genommen. Den Chor prägen außen die nur flach hervorgehobenen Strebepfeiler, die um so reicher dekoriert sind. Maßwerkblenden mit Wimpergen – die hier schon als Baukeramik in Massenproduktion bezeichnet werden dürfen – akzentuieren – jeweils paarweise nebeneinander oder oft dreifach übereinander angeordnet – die Stellung der in den Raum der Halle gezogenen Strebepfeiler.

Brandenburg, Katharinenkirche, Blick in den Chorumgang

50 Nischen für Skulpturen, wiederum in Ton gebrannt, ergaben sich daraus. Nur zwei der Skulpturen sind heute noch im Original erhalten – die heilige Katharina und die heilige Amalberga –, die anderen wurden Mitte des 19. Jahrhunderts ergänzt. So wird die glatt ge-

spannte Wandfläche des Baus, in die die Fenster eingeschnitten sind, in einer durchgehenden Bahn über das Sockelgeschoss hinweg bis zum Gesims unterhalb des Dachansatzes jeweils von einem Schmuckstreifen begrenzt und interpretiert. Mit den Skulpturen in den Nischen und den Wimpergen darüber entsprachen die Schmuckstreifen der zeitgenössischen Vorstellung des Himmlischen Jerusalems, die den Himmel noch als Stadtarchitektur verstand: also jeweils dreigeschossige Wohnhäuser des Himmlischen Jerusalems, die hier an der, mit der und durch die Architektur Hinrich Brunsbergs dargestellt werden.

Auf der Nord- und Südseite bewegen Nebenbauten und Portalrahmungen die einheitliche Architektur. Reiche Maßwerknetze liegen jeweils hinter den Rahmungen der Portale. Sie finden ebenso aufwendige Nachfolge in Tangermünde und auch an der Burgkapelle von Ziesar. Die Maßwerkgiebel aber, die an der Süd- und an der Nordseite der Katharinenkirche die kleineren Annexbauten krönen, weit über den Dachansatz hinaus aufragend, nehmen das Vorbild des Ostgiebels der Marienkirche in Prenzlau auf. Sie steigern – freigestellt und im Verhältnis zur Annexarchitektur größer – noch die Wirkung. Leicht schräg gegen die Linie der Wand versetzt, wird für die Wimperge der Nordseite eine zusätzliche optische Wirkung gefunden. Diesem raffinierten Umgang mit den Elementen zeitgenössischer Architektur entspricht innen die Zerlegung der Strebepfeiler: Hohe Öffnungen, mit Spitzbogen in die

Brandenburg, Katharinenkirche, die beiden einzigen erhaltenen mittelalterlichen Tonfiguren

Mauer geführt, geben einen Laufgang frei, verwandeln die raumhohen eingefügten Einsatzkapellen fast in ein weiteres Seitenschiff.

Gerne wird die Marienkirche in Stargard nahe Stettin (Stargard Szczeciński) als Brunsbergs erstes Werk angesehen. Das ist verständlich, betrachtet man die Blendmaßwerke auf den nach innen genommenen Strebepfeilern. Um 1400 soll hier der Chor entstanden sein. In diesen Jahren beschäftigte die Architekten Europas eine lebhafte Diskussion um den Neubau des Mailänder Domes. 1386 begonnen, suchten die Italiener mehrfach Rat für Aufriss und Einwölbung bei Architekten nördlich der Alpen, in Süddeutschland und Frankreich – ohne sich dann allerdings an die Ratschläge zu halten. Hat Hinrich Brunsberg, für den man eine Herkunft aus Danzig ver-

mutet, in seiner Lehrzeit auch die großen Bauhütten besucht, die Ulrich von Ensingen und Heinrich Parler führten, die beide Beraterverträge für den Mailänder Dom erhalten hatten?
Das doppelte Blendmaßwerk, das bei den Hinrich Brunsberg zugeschriebenen Bauten den Stand der Strebepfeiler markiert, könnte von St. Sebald in Nürnberg oder von den Plänen für den Kölner Dom ebenso angeregt sein wie von Entwürfen für den Mailänder Dom. Die offensichtlichste Anregung aus Mailand könnten die mit Wimpergen geschmückten Skulpturennischen in Kapitellhöhe der achtseitigen Chorpfeiler in Stargard sein. Sie entsprechen den Kapitellen des Mailänder Domes, auch wenn sie heute keine Skulpturen mehr enthalten. Die Frage, ob der niedrige Obergaden, im Chor mit einem Triforium und Laufgang dahinter versehen, einer Planänderung entspricht, muss offenbleiben. In Mailand jedenfalls findet man die gleichen Maßverhältnisse zwischen Schiff und Obergaden.

Brandenburg, Katharinenkirche, Schmuckgiebel der Südseite

Brandenburg, Katharinenkirche, Südportal

Die Chorlösung der Marienkirche in Stargard ist ungewöhnlich. Dem dreiseitigen Chorschluss innen werden, wie beim gleichzeitigen Werksteinbau von St. Jakob im schlesischen Neisse (Nysa), sechs Seiten der Wand des Chorumgangs gegenübergestellt. Deren mittlerer Strebepfeiler tritt dabei in die Achse des Baus, wie bei der Barbarakirche im böhmischen Kuttenberg oder später bei St. Georg im süddeutschen Dinkelsbühl. Auch hier zeigt sich der Architekt auf der Höhe der zeitgenössischen Diskussion und bietet mit seiner Chorlösung, die keinen vollständigen Halbkreis nutzt, eine neue, ungewöhnliche Variante.

Gut ein Dutzend Hallenkirchen entstehen seit dem späten 14. Jahrhundert bis zur Reformation in Brandenburg und bis nach Pommern hinein. St. Marien in Dessau, 1506–25 errichtet nach den Plänen Ulrichs von Schmiedeberg, Ratsbaumeister der Stadt Halle, ist ein letztes Beispiel. Die Sterngewölbe entstehen 1540/41 nach Entwürfen Ludwig Binders, also nach der Einführung der Reformation im Jahre 1534, der Westturm wurde noch bis 1554 vollendet.

Stargard/Stargard Szczeciński, Marienkirche, Grundriss

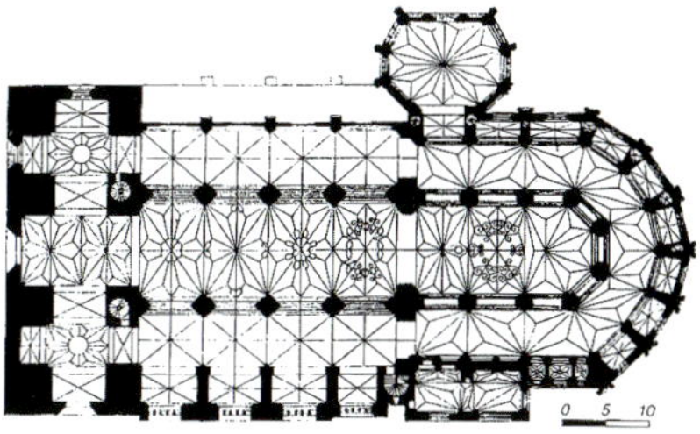

Königsberg in der Neumark/ Chojna, Marienkirche, Chor

Königsberg in der Neumark/Chojna, Marienkirche, Detail des Chores mit modernem Wimpergbauteil

Königsberg in der Neumark/Chojna, Marienkirche Chorwand

St. Marien in Danzig

Die Halle ist in der Blütezeit des Backsteinbaus, im 14. und 15. Jahrhundert, auch in Ostpreußen Grundthema des Kirchenbaus. Oft werden frühe Basilikabauten in Hallen umgewandelt. Allerdings werden sie nicht mit Umgangschören versehen. Man wählt meist einen einschiffigen Chor als Ergänzung der Halle, in der Regel hat dieser einen geraden Abschluss.

Auch für die größte und bedeutendste Kirche Ostpreußens, St. Marien in Danzig (Gdansk), hat man einem ersten Bau von basilikalem Aufriss eine mächtige Halle mit Querschiff folgen lassen. Mit einer Länge von 105,2 m übertrifft sie sogar die Marienkirche in Lübeck – sonst allerdings nicht. Weder die Höhe des Westturmes mit 77,5 m noch die Höhe der Gewölbe mit 27 m sind besonders bemerkenswert. Dagegen bleiben der umbaute Raum und die überbaute Grundfläche von etwa 5 000 qm erstaunlich. So bot die Danziger Marienkirche Platz für gut 15 000 Personen, etwa die gesamte Stadtgemeinde.

Diesen Anspruch, im Vergleich zu heutigen Möglichkeiten, muss man berückstichtigen, um die Bedeutung des Auftrages an Hinrich Ungeradin zu verstehen. 1378 hatte er den Bau des Danziger Rathauses begonnen. Aus dem folgenden Jahr ist der Vertrag, datiert auf den 6. März 1379, zwischen den vom Rat eingesetzten Kirchenvertretern und Hinrich Ungeradin als „magister structure“ überliefert. Sein Einkommen wird dabei von der Zahl der für den Bau über oder unter der Erde verarbeiteten Backsteine abhängig gemacht. Offensichtlich wollte man zügig fertig werden.

Danzig, St. Marien

Der erste Bau der Danziger Marienkirche war 1343 gleichzeitig mit der Errichtung der Stadtmauer für die vom Deutschen Orden im selben Jahr neu gegründete Recht-

Danzig, St. Marien, Ansicht von Norden und Grundriss

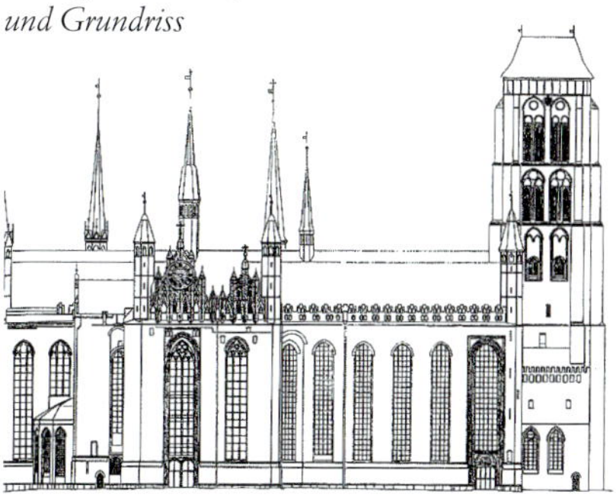

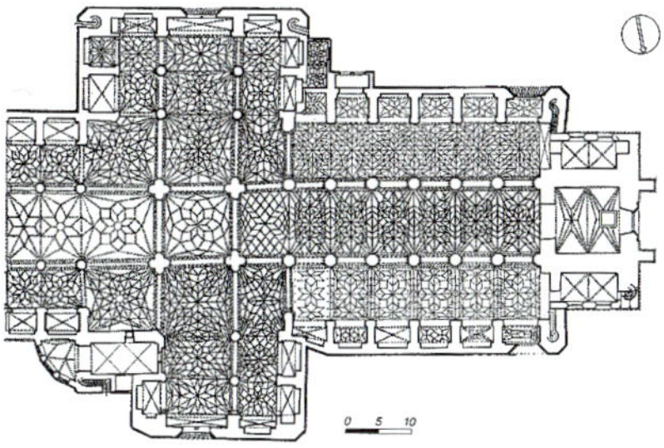

stadt, die deutsche Siedlung, begonnen worden. Der Deutsche Orden hatte 1308 den blühenden Sitz der Herzöge von Pommerellen erobert, zerstört und viele Einwohner, darunter zahlreiche deutsche Siedler und Kaufleute, nahe seiner Burg neu angesiedelt. Die daraus hervorgegangene, selbständig verwaltete Rechtstadt wurde zum Zentrum der ständig wachsenden Großstadt. Auch die Altstadt Danzigs wuchs wieder. Als Gegengewicht zur wirtschaftlich blühenden Rechtstadt, deren Aufstieg die Ordensherrschaft bedrohte, gründeten die Ordensritter 1380 die Neustadt. Erst 1457 wurden die bis dahin getrennt verwalteten Stadtteile nach dem Sieg über den Orden vereint.

1361 tritt Danzig der Hanse bei. Zu diesem Zeitpunkt scheint der erste Bau der Marienkirche bereits vollendet gewesen zu sein. Die Gewölbe des Mittelschiffs fehlten noch, wurden jedoch nicht mehr eingezogen. Eine Basilika mit geradem Chorschluss und einem Turm im Westen genügten den gewachsenen Ansprüchen der inzwischen größten Stadt im Herrschaftsgebiet des Deutschen Ordens nicht mehr. Der Neubau des Rathauses, die Erweiterung der Stadtbefestigung, mit Genehmigung des Deutschen Ordens, unter Winrich von Kniprode und im gleichen Jahr (1379) der Beginn des Umbaus der Marienkirche dokumentieren die Wünsche und Hoffnungen der Danziger Kaufherren.

An St. Marien beeindruckt nicht nur die Länge der Halle mit geradem Chorschluss; anspruchsvoll ist auch die Konzeption eines dreischiffigen Querhauses, das nicht einmal durchgängig zu verwirklichen war, da das Pfarrhaus das nordöstliche Seitenschiff des Querhauses blockierte. Dies macht sich im Inneren allerdings kaum bemerkbar. Fast gleichzeitig entstand auch das dreischiffige Querhaus von St. Marien in Stralsund. Aber man muss hier keine Zusammenhänge erzwingen.

Die beiden östlichen Vierungspfeiler des Umbaus von St. Marien stehen auf der Ostmauer der gerade 20 Jahre zuvor vollendeten Basilika. Nach Osten kommen nun noch drei unterschiedlich tief geschnittene Joche hinzu, und entsprechend schieben sich die Querhäuser in die Stadt, auch wenn es nicht gelingt, das Pfarrhaus zu verdrängen. Die Außenmauern rücken dicht an die umgebenden Häuser heran. Erst die Giebel und Ecktürme in den vier Himmelsrichtungen bieten weithin sichtbaren Schmuck über den Dächern der Stadt. Die Außenmauern mit ihren hohen schlanken Fenstern verzichten auf schmückende Elemente oder plastische Gliederung. Das wird Meister Ungeradins Einkommen verbessert haben: Glattes Mauerwerk lässt sich rasch hochziehen und Verzögerungen durch fehlende Formsteine entfallen auch. Trotzdem ziehen sich die Bauarbeiten über das ganze 15. Jahrhundert hin. Mitte des 15. Jahrhunderts entsprechen Turm und Ostteile außen – noch ohne Gewölbe unter dem Dachstuhl – dem heutigen Bild. Seit 1484 werden die Außenwände der Seitenschiffe des Langhauses aufgestockt und die hohen Pfeiler aus dem Mauerwerk der Arkaden und des Obergadens der Basilika herausgehauen. Erst Meister

Hinrich Hetzel kann 1499–1509 die kunstvoll variierten Muster der Gewölbe einziehen.
Die reichen Sterngewölbe, deren Siegeszug wohl mit der Briefkapelle der Marienkirche in Lübeck eingeleitet wurde, fanden ihr erstes großes Verbreitungsgebiet im Herrschaftsbereich des Deutschen Ordens in Ostpreußen. Hier, in der Danziger Marienkirche, aber auch in der Katharinenkirche oder in Thorn, wird um 1500 mit süddeutschem und österreichischem Einfluss ein letzter Höhepunkt erreicht. Das Grundmuster des Sterngewölbes ist noch erkennbar, aber zu einem reichen Netz vervielfältigt. In den Seitenschiffen der Marienkirche wird aus dem Netz der Rippen ein Zellengewölbe gleicher Grundgestalt; ein sächsisches Motiv spätmittelalterlicher Gewölbe wird hier wie in weiteren Danziger und ostpreußischen Kirchen eingesetzt. So überwinden immer wieder Wellen modischer Konzepte die landschaftlichen Abgrenzungen.
Durch insgesamt sieben Portale können die Gläubigen aus allen Bereichen der Stadt in die Kirche einziehen, deren Strebepfeiler wie bei den zeitgleich entstandenen Hallenkirchen und den Hallenumgangschören oder wie bei St. Marien in Stralsund nach innen genommen sind. So wurden individuelle Kapellenräume für die frommen Berufsgenossenschaften gebildet.
Danzig hatte inzwischen im Bund mit Thorn, Elbing und dem König von Polen die Herrschaft des Deutschen Ordens abgeschüttelt, dessen Burg zerstört und die bis dahin eigenständigen Stadtteile vereint. Auch nach den Zerstörungen des Zweiten Weltkriegs und der Beseitigung der Schäden berichtet die Architektur noch immer vom Stolz einer deutschen Kaufmannsstadt, die im Königreich Polen ihre Selbständigkeit, ihren Reichtum und ihre Macht wahren konnte, bis sie mit der Teilung Polens 1772 unter preußische Herrschaft geriet und damit zugleich ihr wirtschaftliches Hinterland verlor. Die reich gegliederten Giebel krönen das Stadtbild – nicht nur die vier Fassaden der Marienkirche, auch die der Pfarrkirche St. Katharinen in der Altstadt, der Klosterkirchen der Dominikaner und Franziskaner beziehen sich in gleicher Form auf das Bild der wiedererstandenen Stadtlandschaft.

Das Zellengewölbe – Backstein virtuos verborgen

Gewölbekappen aus Backsteinen gemauert, danach unter Putz verborgen, sind seit romanischer Zeit selbstverständlich für Backsteinarchitektur, aber auch für Bauten in Haustein. Backstein ersetzt bald den sonst gerne für Gewölbe eingesetzten und leicht in handlichem Format zu liefernden Tuffstein. Als Ballastmaterial transportiert, begegnet man Tuffsteingewölben z. B. selbst in Dänemark. Gewölbekappen aus Backsteinen sind in gotischer Zeit eine technische Selbstverständlichkeit. Unter Putz verborgen, findet man sie im in Marmor glänzenden Mailänder Dom wie in ganz Europa, ohne dass das besonders vermerkt wird.
Erst Arnold von Westfalen, virtuoser Baumeister (um 1424–1482), dem seit dem 4. Juni 1471 durch Kurfürst Ernst von Sachsen und sei-

nem Bruder Herzog Albrecht als „buwemeister“ das gesamte wettinische Bauwesen unterstellt ist, nutzt den Backstein, um neue Raumwirkungen im Gewölbe zu erzielen. Seine Herkunft, ob aus Westfalen oder aus einer Leipziger Familie dieses Namens, ist ebenso umstritten wie sein Ausbildungsweg. Die unter seiner Leitung begonnenen Bauarbeiten an der spätgotischen Albrechtsburg in Meißen – mehr Schloss als Burg – bringen neue Raumvorstellungen ins Spiel. Das gilt auch für die Wendelsteine, die demonstrativ und dekorativ vor den Bau gestellten Treppentürme, den gewagten Zuschnitt des Abschlusses seiner Türen und Fenster mit „Vorhangbögen“ und die tiefe Busung seiner Gewölbe. Gleichgültig, ob mit profilierten Rippen unterlegt oder schließlich nur noch von der scharfen Linie eines Grates begrenzt, bieten seine Wölbungen großer und kleiner Räume ein Spielen mit tiefen Schatten. Gewölbeflächen stoßen nicht fast flach, sondern rechtwinklig – der Form des Backsteins entsprechend – oder sogar noch steiler aneinander. Das Konzept kontrastreicher Raumabschlüsse wird zum Erfolgsrezept in Sachsen, in Österreich, Böhmen und Mähren, in Ostpreußen, Polen und noch weiter in den Osten Europas hinein. Milada und Oldrich Rada sind dem faszinierenden Phänomen spätgotischer Baukunst 2001 mit einer grundlegenden Publikation nachgegangen.

Danzig, St. Marien, Blick ins Gewölbe, links Zellengewölbe im Seitenschiff, rechts Netzgewölbe im Hauptschiff

PROFANER STOLZ – GIEBEL, MAUERN, TORE UND BURGEN

Heute verweist man mit Stolz, ob in Lüneburg, Lübeck, Wismar oder Stralsund, auf die erhaltenen Bürgerhäuser des späten Mittelalters oder der frühen Neuzeit. Obschon zahlreich, sind sie ebenso auch Ausnahmen. Zwar gibt es in Lübeck nach einem verheerenden Brand der Stadt 1276 die Vorschrift, in Backstein zu bauen, doch wird auch diese nicht einfach durchzusetzen gewesen sein. Besonders die kleinen Buden, Fachwerkbaracken in den Hinterhöfen, vermietet an Tagelöhner und andere Arme, werden weiterhin in Holz und Fachwerk errichtet. Am Marktplatz und in den großen Straßen im Zentrum der Stadt bietet sich ein anderes Bild. Auch Vicke Schorlers Darstellung von Rostock, Straßenzeile für Straßenzeile, aus dem späten 16. Jahrhundert, spiegelt nur den Reichtum der Stadt.

Das Grundmotiv des reinen Giebeldreiecks, wie es auf der Hofseite der Bürgerhäuser kostenbewusst vorgeführt wird, tritt uns auf der Schauseite des Hauses ausgeschmückt als Zeichen der Selbst-

Lübeck, Heilig-Geist-Spital

Lübeck, Heilig-Geist-Spital, Gewölbe der Halle

darstellung und des Selbstverständnisses entgegen.

Zwei Grundformen dominieren: Der Staffel- oder Treppengiebel verwandelt die ansteigende Linie des Daches in steigende, unterschiedlich breite und hohe Stufen. Der Pfeilergiebel durchbricht mit dem uns ja geläufigen Fialenmotiv die seitlichen Linien des Dreiecks und bringt meist auch Bewegung in die Fläche der Fassade. Beide, Staffel- wie Pfeilergiebel, können bis zur rechteckigen Schildwand hochgeführt werden, die das Dreieck des Dachstuhls völlig verdeckt. Der

Stralsund, Wulflamhaus des Bürgermeisters Bertram Wulflam um 1370

Königsberg in der Neumark/Chojna, Fassade des Rathauses, Hinrich Brunsberg zugeschrieben

obere Abschluss, oft weit über dem eigentlichen Dachfirst gelegen, wird dann in eine Zinnenfront verwandelt oder von einer Reihe gleich hoher Fialen durchbrochen, woraus eine betonte, Aufmerksamkeit erfordernde Schaufassade resultiert. Oft werden im Bereich des Giebels, oder auch über die gesamte Fassade hinweg, die Fenster von profilierten Mauerbändern zusammengefasst, die durch Rund- oder Spitzbögen miteinander verbunden sind. So entstehen Großformen von monumentalem Anspruch.

Und dieser wird erst recht gerne bei Rathäusern verwirklicht. Von Lübeck oder Lüneburg, Hannover, Rostock und Stralsund bis Thorn oder Danzig, mit kleineren Juwelen in Brandenburg, Frankfurt an der Oder, Grimmen, Marienburg oder Tangermünde stellt das Patriziat seinen Herrschaftsanspruch im Stadtbild dar. Die Schaufront beherrscht den Marktplatz, antwortet der Marktkirche – gemeinsam formulieren beide Bauten das Selbstgefühl der jungen Städte der deutschen Ostsiedlung. Oft werden Räume für den Handel, ob Tuchverkauf oder Goldschmiede, im Erdgeschoss der Rathäuser eingezogen. Darüber erhebt sich die Schildwand, häufig durch Maßwerk oder, wie in Lübeck, durch demonstrativ geschnittene Windlöcher geöffnet, durch Fialentürmchen akzentuiert und gegliedert. Damit werden Motive aufgenommen, die von Ypern oder Brügge, vom „Domus Florentinorum" oder dem „Haus der Osterlinge" bis weit in den Osten als Kennzeichen der profanen Repräsentationsarchitektur im Bereich der Hanse gelten können. So erstaunt es auch nicht, das flandrische Motiv des Belfrieds als Rathausturm in Thorn oder Danzig wiederzufinden.

Königsberg in der Neumark/Chojna, die Spitze des Rathausgiebels

Die Freude an reicher Dekoration, an Blendmaßwerk, sogar an Maßwerkgiebeln, an abgestufter Gliederung setzt sich im Befestigungswesen der Städte fort. Hier ist die Backsteinarchitektur eine Ausnahme in der europäischen Festungsbaukunst. Strebt man sonst glatte Flächen, strenge Linien, bewusste Schmucklosigkeit bis hin zu kristallinem Schnitt der Bauten an, so finden wir hier, vom prunkvollen Holstentor in Lübeck bis weit in den Osten, eine Schmuckfreudigkeit an Türmen und Toren, der keine andere Landschaft Europas vergleichbar ist.

Tore und Tortürme sind vielerorts erhalten. Kleinere Städte haben oft eher als Großstädte Teile ihrer Befestigung bewahrt: Friedland, Tangermünde, Brandenburg, Gransee oder Werben sind Beispiele dafür. Die Formenvielfalt, die dabei erreicht und wohl auch gewollt ist, erstaunt immer wieder. Erinnert der Uenglinger Torturm in Stendal an die Westtürme der in der gleichen Epoche entstandenen großen Kirchenbauten in Stralsund oder Greifswald, so greifen die abge-

Tangermünde, Neustädter Tor

stuften Rundtürme des Neustädter Tores in Tangermünde oder des Elbtores in Werben auf das Motiv des Bergfrieds zurück.

Doppeltore, wie sie römischer Tradition entsprechend z. B. in Köln zu finden sind, bleiben dabei selten. Sie betonen, wie das Holstentor in Lübeck oder das Brücktor an der Nogat, zu Füßen der Marienburg, einen besonderen Anspruch auf Ansehen, Rang und Macht.

Eine fast vollständig bewahrte Stadtbefestigung bietet Neubrandenburg, dessen Marienkirche uns bereits beschäftigt hat. Nach der Gründung der Stadt 1248 wird noch 1261 eine mit Plankenwerk gesicherte erste Befestigung erwähnt. Um 1500 wird dann der etwa 2,5 km lange Mauerring mit seinen vier Toren entstanden sein. Weitgehend ist die Mauer in der ursprünglichen Höhe von 7,5 m erhalten. Nur die letzte Schicht der Mauer setzt Backsteine ein, darunter sind Schicht um Schicht Feldsteine aufgemauert. Nach jeweils einem halben Meter Höhe wird das Mauerwerk durch kleineres Feldsteinmaterial ausgeglichen. Unten 1,4 m breit, verjüngt sich die Mauer oben auf 60 cm. In Abständen von etwa 50 m werden insgesamt 55 Wiekhäuser, rechteckige Mauervorsprünge, eingeschoben. Zur Stadtseite ursprünglich offen, konnte von hölzernen Plattformen aus jeweils der benachbarte Mauerabschnitt beschützt werden. Spätestens nachdem ein kaiserliches Heer unter Feldmarschall Tilly die Stadt 1631 ohne größere Gegenwehr erobert hatte, wurde man sich seiner Wehrlosigkeit gegenüber den neuen Waffen bewusst. Danach wurden damals viele der Wiekhäuser erstmals für Wohnzwecke ausgebaut.

Zwar hatte man noch zu Beginn des 16. Jahrhunderts mit einem halbkreisförmigen Zingel das Friedländer Tor gesichert und schon zuvor, im 15. Jahrhundert, zwei Türme in die Stadtmauer eingefügt – davon blieb übrigens nur der Mönchenturm, dem Franziskanerkloster benachbart, erhalten – aber Sicherheit gegenüber den Kampfstrategien während des Dreißigjährigen Krieges bot dies nicht mehr. Am Friedländer Tor traf man hinter dem Zingel erst auf das niedrigere, aber reich geschmückte Vortor. Dann folgten die lang gestreckten Mauerzüge der Zwingeranlage über Gräben und Wälle hinweg zum Torturm im Mauerring selbst.

Auf der Stadtseite des Stargarder Torturms und des Torturms des Neuen Tores strecken jeweils acht

Tangermünde, Hühnerdorfer Torturm

Lübeck, Burgtor

Lübeck, Holstentor, Feldseite, im Hintergrund die Türme der Marienkirche

aus gebrannten Tonteilen zusammengefügte und verputzte weibliche Gestalten ihre Arme aus. Trugen sie einst Schmuck bei offiziellen Anlässen? Hohen Besuchern wären sie doch besser außen entgegengetreten. Sie bleiben bei aller Rätselhaftigkeit der aufwendigste Schmuck der Neubrandenburger Stadtbefestigung.

Detail des Terrakottafrieses des Holstentores

Neubrandenburg, Friedländer Tor

Königsberg in der Neumark/Chojna, Torturm

Brandenburg, Plauer Torturm

Landshut, das Stadtor zeigt wie der Bau von St. Martin, dass Gesimse und Fenstergewände in Naturstein gearbeitet sind, nur die glatten Mauerflächen werden aus Backstein hochgezogen.

Die Marienburg

Nüchtern und aus glattem Mauerwerk hochgezogen treten uns dagegen die Burgen des Deutschen Ordens entgegen. Oft handelt es sich hier um quadratische Vierflügelanlagen, bewusst zweckmäßig angelegt, deren Schmuck sich auf die Kapelle und den einen oder anderen Saal beschränkte.

Eine prunkvolle Ausnahme war und ist die Marienburg am Ostufer der Nogat. 1274 war mit dem Bau begonnen worden. 1309 erhielt der verkehrsgünstig gelegene Ordenssitz mit dem Einzug des Hochmeisters, der bis dahin in Venedig residierte, neue und repräsentative Funktionen.

So wurde nördlich des Hochschlosses auf dem Gelände der bisherigen Vorburg das Mittelschloss rasch als repräsentativer Sitz errichtet. Der eigentliche Prunkbau, der in Richtung des Nogat-Ufers vorgeschobene Hochmeisterpalast, entstand erst Ende des 14. Jahrhunderts. Nicht der Wehrbau tritt hier auf. Vielmehr wird, unter reichem Einsatz von Werkstein, einer der frühesten Schlossbauten Europas an den uferseitigen Flügel des Mittelschlosses angefügt, dem kaum einer der königlichen Zeitgenossen Vergleichbares entgegensetzen konnte. Der Baumeister Nikolaus Fellenstein hat dabei auf Vorbilder wie die Briefkapelle der Lübecker Marienkirche ebenso zurückgegriffen wie auf Motive der niederrheinischen Architektur. „Meisters Gemach“, mit Sommer- und Winterremter sowie dem Festsaal des Großen Remters, bietet einen Höhepunkt der spätgotischen Architektur, der den Gedanken an das Baumaterial in den Hintergrund drängt.

Marienburg, über die Nogat hinweg betrachtet

Mitte des 14. Jahrhunderts hatte man bereits im Südosten des Hochschlosses die Annenkapelle im Untergeschoss und die hohe Marienkapelle im Obergeschoss weit aus der Flucht der Vierflügelanlage herausgeschoben. Statt eines Ostfensters leuchtete außen, auf dem östlichen Abschluss des Chores der Marienkapelle, eine mit Mosaik bekleidete plastische Marienfigur. Auch hier wagte man neue Formen.

Nach den schweren Schäden, die der Zweite Weltkrieg hinterließ, stehen die Wiederaufbauarbeiten durch polnische Restauratoren vor dem Abschluss. Dieses Denkmal europäischer Geschichte, wie auch manch anderer Bau der Backsteinarchitektur, wird weiterhin unsere Phantasie und unser Nachdenken über Bauten und unsere gemeinsame Geschichte bewegen können.

LITERATUR IN AUSWAHL

Adler, F.: Mittelalterliche Backstein-Bauwerke des preußischen Staates, 2 Bde., Berlin 1862/98

Albrecht, St. u. J. Chr. Holst: Von Lübeck bis Stralsund – Zur Entstehung eines Rathaustypus, in: Lupfer, G. u. a. (Hgg.) Bau Kunst Kunst Bau. Festschrift f. Jürgen Paul, Dresden 2000, S. 22–38

Andresen, H. H.: Das Danewerk im Früh- und Hochmittelalter, Flensburg 1995

Appuhn, H.: Kloster Ebstorf, München/Berlin 1963

Araguas, Ph.: Brique et architecure dans l'Espagne mediévale (XII – Xve siècle), Madrid 2003

Asendorf, O.: Mittelalterliche Türme im Deutschordensland Preußen. Untersuchungen zu ihrer Bedeutung und Funktion, Frankfurt am Main 1998

Augustat, W.: St. Nikolaikirche Berlin-Spandau und Kirchenmuseum „Spandivia sacra", Berlin-Spandau 1993

Badstübner, E. u. R. Hartmetz: Bauschmuck der Backsteingotik in der Marienkirche, Frankfurt/Oder 1988

Badstübner, E. u. U. Albrecht (Hgg.): Backsteinarchitektur in Mitteleuropa, Berlin 2001

Badstübner, E.: Frühe Zisterzienserarchitektur und der Backstein als Baumaterial. In: Dirk Schumann (Hg.): Architektur im weltlichen Kontext, Berlin 2001, S. 79–92

Badstübner, E.: Feldsteinkirchen des Mittelalters in Brandenburg und in Mecklenburg-Vorpommern, Rostock 2002

Badstübner, E. u. D. Schumann (Hgg.): Backsteintechnologien in Mittelalter und Neuzeit, Berlin 2003

Badstübner, E.: Zisterzienserkirchen im nördlichen Mitteleuropa, Rostock 2005

Badstübner, E. u. a. (Hgg.): Licht und Farbe in der mittelalterlichen Backsteinarchitektur des südlichen Ostseeraums, Berlin 2005

Badstübner, E. u. P. Knüvener: Die Kunst des Mittelalters in der Mark Brandenburg, Berlin 2007

Baier, G.: Der Dom zu Schwerin, Regensburg 1994

Barrucand, M.: Maurische Architektur in Andalusien, Köln u. a. 2002

Binding, G.: s. v. Backstein, in: Lexikon des Mittelalters, Bd. 1, München 1980, Sp. 1529 f.

Binding, G.: Baubetrieb im Mittelalter, Darmstadt 1995

Binding, G.: Die Bedeutung von Licht und Farbe für den mittelalterlichen Kirchenbau, Stuttgart 2003

Binding, G.: Wanderung von Werkmeistern und Handwerkern im frühen und hohen Mittelalter, Stuttgart 2005

Böker, H. J.: Die mittelalterliche Backsteinarchitektur Norddeutschlands, Darmstadt 1988

Bookmann, H.: Das ehemalige Deutschordensschloss Marienburg 1772–1945. Die Geschichte eines politischen Denkmals, Göttingen 1972

Bookmann, H.: Deutsche Geschichte im Osten Europa. Ostpreußen und Westpreußen Berlin 1992

Brandes, A. u. W. Willmes (Red.): Der Klosterhof und die Kirche St. Marien in Bergen auf Rügen, Bergen 2005

Brandl, L. u. a. (Hgg.): Liebfrauenmünster Ingolstadt 1407–2007, Regensburg 2006

Brinkmöller, H.: die Raumauffassung des Meisters Hans von Burghausn in seinen Hauptwerken, Bochum 1985

Brunskill, R. W.: Brick Building in Britain, London 1990

Burmeister, W.: Norddeutsche Backsteindome, Berlin 3. Aufl. 1943

Buyle, E. u. a.: Architecture gothique en Belgique, Brüssel 1997

Cante, A, u. G. Köpping: Die Katharinenkirche in Brandenburg an der Havel, Potsdam 1996

Cramer, F.: Die St. Nikolaus- und Heiligblut-Kirche zu Wilsnack (1383–1552), München 1996

Cramer, J. u. D. Sack (Hgg.): Technik des Backsteinbaus im Europa des Mittelalters, Petersberg 2005

Dambeck, F.: Hans Stethaimer und die Landshuter Bauschule, Landshut 1957

Dmockowski, Z.: The Architecture of Poland. An Historical Survey, London 1956

Donelly, M. C.: Architecture in the Scandinavian Countries, Cambridge, Mass. 1992

Drake, K.: Hinrich Brunsberg und Finnland, Dorpat 1997

Drost, W.: Die Marienkirche in Danzig und ihre Kunstschätze, Stuttgart 1965
Eimer, G.: Problematik der Formensetzung Haustein/Backstein im Hochmittelalter, in: Marburger Jb. Für Kunstwissenschaft 22 (1989) S. 23–34
Eimer, G. u. E. Gierlich (Hgg.): Echte Wehrhaftigkeit oder martialische Wirkung, Köln 2000
Eimer, G. u. E. Gierlich (Hgg.): Die sakrale Backsteinarchitektur des südlichen Ostseeraums – der theologische Aspekt, Berlin 2000
Ellger, D.: St. Marien zu Lübeck, Neumünster i. H. 1951
Erdmann, W.: Zisterzienser-Abtei Chorin, Königstein im Taunus 1994
Erdmann, W.: Zisterzienser-Abtei Doberan, Königstein im Taunus 1995
Essenwein, A.: Norddeutsche Backsteinbaukunst im Mittelalter, Karlsruhe 1855
Ewe, H.: Das alte Stralsund, Weimar 1994
Feuerstake, H. J. u. O. H. Schmidt (Hgg.): Die Zisterzienser und ihre Klöster in Brandenburg, 2. A. Berlin 2005
Fischer, F.: Norddeutscher Ziegelbau, München 1944
Freely, J. u. A. S. Cakmak: Byzantine Monuments of Istanbul, Cambridge 2002
Gall, E.: Danzig und das Land an der Weichsel, München 1955
Gentz, U. Der Hallenumgangschor in der städtischen Backsteinarchitektur Mitteleuropas 1350–1500, Berlin 2003
Gloede, G.: Das Doberaner Münster, Berlin 1965
Gnekow, B.: Der mittelalterliche Kirchenbau in Holstein 1150–1300, Münster 1994
Gottlob, F. : Formenlehre der norddeutschen Backsteingothik, Leipzig 1900, 2. Auflage Leipzig 1907(Reprint mit einem Nachwort von Markus Jäger, Kiel 2004)
Grewolls, A.: Die Kapellen der norddeutschen Kirchen im Mittelalter. Architektur und Funktion, Kiel 2000
Grusnick, W. u. F. Zimmermann: Der Dom zu Lübeck, Königstein im Taunus 1996
Hahn-Woernle, B.: Kloster Ebstorf. Die Bauplastik, Stuttgart o. J.
Hanke, E.: Studien zum Bautypus der Staffelhalle, in: Wallraf-Richartz-Jahrbuch 68 (2007) S. 73–116
Hasse, M.: Die Marienkirche zu Lübeck, München/Berlin 1985
Hauke, K. u. H. Stobbe: Die Baugeschichte und Baudenkmäler der Stadt Elbing, Stuttgart 1964
Heling, A. Tönerne Boten. Terrakotten aus der St.-Johanniskirche zu Tartu (Dorpat) in Estland, Lüneburg/Kiel 2001
Helten, L.: Mittelalterliches Maßwerk. Entstehung-Syntax-Topologie, Berlin 2006
Henning, H. (Hg.): Der Dom zu Ratzeburg, Ratzeburg 1954
Henriet, J.: A l'Aube de l'Architecture Gothique, Besancon 2005
Herrmann, Chr.: Burgen im Ordensland. Deutschordens- und Bischofsburgen in Ost- und Westpreußen, Würzburg 2006
Herrmann, Chr.: Mittelalterliche Architektur im Preussenland, Petersberg 2007
Higounet, Ch.: Die deutsche Ostsiedlung im Mittelalter, Berlin 1986
Hofrichter, H. (Hg.): Putz und Farbigkeit an mittelalterlichen Bauten, Stuttgart 1995
Huyer, M.: Die Stralsunder Nikolaikirche. Mainz 2000
Jacobs, H.-J.: Zur Datierung des Chores der Lübecker Marienkirche, in: Z. d. Vereins f. Kunstwiss. 52/53(1998/99) S. 241–260
Kammel, F. M.: Tonplastik im Mittelalter. Ein Überblick zu Bestand und Verbreitung im deutschen Sprachraum, in: Die Apostel aus St. Jakob, Nürnberg 2002, S.8–29
Kamphausen, A.: Backsteingotik, München 1978
Kiesow, G.: Wege zur Backsteingotik. Eine Einführung, Bonn 2003
Krautheimer, R. u. S. Curcic : Early Christian and Byzantine Architecture, Princeton 5. A. 1992
Krüger, E. u. D. Schumann: Die Marienkirche in Beeskow, Berlin 2006
Kruse, K. B.: Zu Untersuchungs- und Datierungsmethoden mittelalterlicher Backsteinbauten im Ostseeraum, in: Archäol.-Korrespondenzblatt 12 (1982), S. 555–562
Kunst, H.-J.: Die Entstehung des Hallenumgangschores. Der Dom zu Verden an der Aller und seine Stellung in der gotischen Architektur, in: Marburger Jahrbuch für Kunstwissenschaft 18 (1969), S. 1–104
Kunst, H.-J.: Die Kirchen in Lüneburg – Architektur als Abbild, in: Moebius, F. und Schubert, E. (Hgg.): Architektur des Mittelalters – Funktion und Gestalt, Weimar 1983, S. 275–285
Kunst, H.-J. : Die Marienkirche in Lübeck. Die Präsenz bischöflicher Architekturfor-

men in der Bürgerkirche, Worms 1986
Kunst im Ostseeraum. Mittelalterliche Architektur und ihre Rezeption, Greifswald 1990 (= Wissenschaftliche Beiträge der E.-M.-Arndt-Universität Greifswald)
Kunz, T.: „Herrscherikonographie“ und Baumaterial in der frühesten Backsteinarchitektur Seelands und die Rolle der Zisterzienserkirchen, in: Dirk Schumann (Hg.): Architektur im weltlichen Kontext, Berlin 2001, S. 44–92
Lambacher, L. u. F. M. Kammel (Hgg.): Die mittelalterliche Plastik in der Mark Brandenburg, Berlin 1990
Lange, P.-F.(Hg.): Wenn Räume singen. St. Nikolai zu Stralsund, Stralund 200
Loyal, D.: Sakrale Backsteingotik im Ermland, Bonn 1995
Ludwig, St.: St. Georgen zu Wismar. Die Geschichte einer mittelalterlichen Pfarrkirche vom 13. bis zum frühen 16. Jhdt. Kiel 1998
Ludwig, Th. U. a.: Die Einhards-Basilika in Steinbach bei Michelstadt im Odenwald, 2 Bde., Mainz 2. A. 2000
Matthaei,J. : Lüneburg, 3. A. Berlin 1978
Mittelalterliche Backsteinbaukunst. Romanische und gotische Architektur – ihre Rezeption und Restaurierung, in: Wissenschaftliche Zeitschrift der E.-M.-Arndt-Universität Greifswald 29 (1980), H. 2–5
Müller, H. u. R. Naumann: Quetschfalten, Kreuzbogenfriese, Wendischer Verband – Fachbegriffe des Romanischen Backsteinbaus und der kirchlichen Baukunst in Altmark, Jerichower Land und Mark Brandenburg, Jerichow 1999
Naumann, R.: Romanische Backsteinbauten im Jerichower Land, 2. A. Perleberg 1993
Neumann, W.: Das mittelalterliche Riga. Ein Beitrag zur Geschichte der norddt. Baukunst, Berlin 1892
Nussbaum, N.: Deutsche Kirchenbaukunst der Gotik. Entwicklung und Bauformen, Darmstadt 2. Auflage 1994
Nussbaum, n. u. S. Lepsky: Das gotische Gewölbe. Eine Geschichte seiner Form und seiner Konstruktion, Darmstadt 1999
Perlich, B.: Mittelalterlicher Backsteinbau in Europa. Zur Frage nach der Herkunft der Backsteintechnik, Petersberg 2007
Pühl, E.: Backsteinbauten des 15. bis 17. Jhdts. In Ostfriesland und Jeverland, Oldenburg 1979
Puppi, L.: The Stones of Venice, London 2002
Rada, M. u.O.: Das Buch von den Zellengewölben, Prag 2001
Roggatz, A.: Das Masswerk in der Mark Brandenburg, Köln 1998
Rogge, W.: Die Marienkirche zu Rostock, Berlin 1881
Rohde, L.: St. Marien zu Greifswald und die frühe Backsteingotik im wendischen Quartier der Hanse, Berlin 1940
Roosval, J.: Den baltiska nordens kyrkor. Uppsala 1924
Rupp, E. u. G. Friedrich: Die Geschichte der Ziegelherstellung, 3. Auflage Stuttgart 1993
Sander-Berke, A.: Städtische Baustoffversorgung im Spätmittelalter, Köln 1995
Schäfke, W.: Mittelalterliche Backsteinarchitektur von Lübeck bis zur Marienburg, Köln 1995
Schäfke, W.: Frankreichs gotische Kathedralen, Darmstadt 2007
Schäfke, W.: Schnellkurs Gotik, Köln 2007
Schaik, T. H. M. van u. C. de Boer-van Hoogefest: Der gotische Dom van Utrecht, Utrecht 2004
Schenkluhn, W.: Architektur der Bettelorden. Die Baukunst der Dominikaner und Franziskaner in Europa, Darmstadt 2000
Schindler, H.: Große Bayerische Kunstgeschichte, 2 Bde. München 2. A. 1976
Schlesinger, W.: Die deutsche Ostsiedlung als Problem der europäischen Geschichte, Sigmaringen 1975 (= Vorträge und Forschungen 18)
Schmid, B.: Die Marienburg, Würzburg 1955
Schmidt, O. u. a. (Hgg.): Spiritualität und Herrschaft, Berlin 1998
Schmoll gen. Eisenwerth, J. A.: Das Kloster Chorin und die askanische Architektur der Mark Brandenburg, Berlin 1963
Schumann, D.: Herrschaft und Architektur. Otto IV. und der Westgiebel von Chorin, Berlin 1997
Schrader, M.: Mauerziegel als historisches Baumaterial, Hösseringen 1997
Schumann, D.: Otto IV. und der Westgiebel von Chorin, in: Oliver Schmidt u. a. (Hgg.): Spiritualität und Herrschaft, Berlin 1998, S. 86–99
Schumann, D. (Hg.): Architektur in weltlichem Kontext, Berlin 2001
Soffner, M.: St.-Marien-Kirche zu Rostock, Passau 2005
Stadt Bergen auf Rügen (Hg.): Der Klosterhof und die Kirche St. Marien in Bergen

auf Rügen, Bergen auf Rügen 2005
Stiehl, O.: Der Backsteinbau romanischer Zeit besonders in Oberitalien und Norddeutschland, Leipzig 1898
Stiehl, O.: Backsteinbauten in Norddeutschland und Dänemark, Stuttgart 1925
Stiehl, O.: s. v. Backstein, in: Reallexikon zur deutschen Kunstgeschichte, Bd. 1, Stuttgart 1957, Sp. 1540–1545
Stoob, H.: Die Hanse, Graz/Wien/Köln 1995
Sünder-Gaß, M.: St.Nikolai und St. Marien in Stendal und die spätgotischen Hallenkirchen in ihrer Nachfolge, Bismarck 2000
Suhr, P.: Der Backsteingiebel des norddeutschen Bürgerhauses im Mittelalter, Berlin 1955
Thalheim, S. (Red.): Gebrannte Größe – Wege zur Backsteingotik, 5 Bde. Bonn 2002
Trost, H.: Norddeutsche Stadttore zwischen Elbe und Oder, Berlin 1959
Untermann, M.: Kirchenbauten der Prämonstratenser, Diss. Köln 1984
Untermann, M.: Überlegungen zur Einführung des Backsteinbaues an der Stiftskirche zu Jerichow, in: Ullmann, E. (Hg.): Der Magdeburger Dom, Leipzig 1989, S. 210–215
Vermeer, G.: Klosters van baksteen, de architectuur van de hervormingsorden in Nederland tot omstreeks 1300, Amsterdam 1999
Warnatsch, St.: Zisterzienser-Abtei Lehnin, Königstein im Taunus 1998, 2. Auflage 2007
Warnatsch, St.: Res Lehninenses I, in: Dirk Schumann (Hg.): Architektur im weltlichen Kontext, Berlin 2001, S. 236–249
Wight, J.A.: Brickbuilding in England from the Middle Ages to 1550, London 1972
Wilm, H.: Gotische Tonplastik in Deutschland, Augsburg 1929
Wochnik, F.: Sankt Nikolai in Spandau und der Kirchenbau in der norddt. Backsteingotik von der Mitte des 14. Jhdts. Bis um die Mitte des 15. Jhdts., Berlin 1989
Zaske, N.: Herkunft und Bedeutung der Architektur Hinrich Brunsbergs, (Diss.) Greifswald 1953
Zaske, N.: Hinrich Brunsberg, in: Baltische Studien NF, Bd. 44, Hamburg 1957, S. 49–72
Zaske, N.: Gotischer Backsteinbau Norddeutschlands, Beiträge zur Architektur- und Sozialgeschichte der Haupttypen dreischiffiger Choranlagen von 1200 bis 1500, Habil.-Schrift, Greifswald 1961
Zaske, N.: Die gotischen Kirchen Stralsunds und ihre Kunstwerke, Berlin 1964
Zaske, N.: Gotische Backsteinkirchen Norddeutschlands, Leipzig 2. Auflage 1970
Zaske, N.: Spätgotischer Backsteinbau, in: Mittelalterliche Backsteinarchitektur und bildende Kunst im Ostseeraum, Greifswald 1987, S. 5–20 (= Wissenschaftliche Beiträge der E.- M.- Arndt- Universität Greifswald)
Zaske, N.: Hinrich Brunsbergs St. Katharinenkirche zu Brandenburg a. H. in: Die mittelalterliche Plastik in der Mark Brandenburg. Berlin 1990, S. 56 – 63
Zoder, M.: Studien zur Entwicklung des mittelalterlichen Backsteinrohbaus in Niederbayern, Passau 1929

GLOSSAR

Apsis: halbrunder oder vieleckig abgeschlossener Raum am östlichen Ende einer Kirche

Archivolte: Bogenlauf an romanischen wie an gotischen Stufenportalen

Arkade: Bogen über *Pfeilern* oder *Pilastern*

Basilika: zumindest dreischiffige Kirche mit höherem Mittelschiff, das durch Fenster im *Obergaden* Licht erhält

Basis: Fuß einer *Säule*, eines *Pfeilers* oder *Pilasters*

Bauhütte: zunftunabhängige Werkstattgemeinschaft an großen Kirchenbauten mit eigenen, im Spätmittelalter überregional formulierten Regeln

Binder: senkrecht in die Wand hinein versetzter Backstein, im Gegensatz zum parallel zur Wandfläche verlegten *Läufer*. Die dunkel gebrannten Köpfe von Bindern werden in Ostpreußen teils als diagonales Netzmuster in der Wand sichtbar verlegt.

Blendarkade: zur Dekoration einer Wand vorgesetzte Bogenstellung, die keine Maueröffnung überspannt

Blockverband: die Mauer wird gleichmäßig aus abwechselnden Lagen von Läufern und Bindern errichtet. Im *Kreuzverband* dagegen werden die Läufer je Lage um eine halbe Steinlänge verschoben.

Bündelpfeiler: ein ringsum von Dreiviertelsäulen größeren und kleineren Durchmessers, auch als „alte" und „junge" Dienste bezeichnet, umgebener Pfeiler

Bündelsäule: mehrere Säulen gleichen Durchmessers zusammengefasst

Chor: meist im Osten der Kirche, ein oft durch einen *Lettner* abgeteilter Raum mit Chorgestühl und dem Hauptaltar

„Deutsches Band": Zahnfries aus diagonal in den Mauerverband verlegten Backsteinen

Dienst: einer Wand oder einem *Pfeiler* vorgelegte Viertel-, Halb- oder Dreiviertelsäule, die *Gurte* oder *Rippen* eines Gewölbes aufnimmt

Drôlerie: Dekoration mit grotesken oder satirischen Figuren, menschlich, tierisch, aber auch Fabel- und Mischwesen, im Bereich der Backsteinarchitektur besonders bei mit Modeln geformten und glasierten Schmucksteinen

Dom: von lat. *„domus dei"* – Haus Gottes, im deutschen Sprachraum auch Bezeichnung für die Kathedrale als Bischofssitz

Dreipass: drei Kreisabschnitte gleichmäßig in einen Kreis eingefügt

Feldsteinmauerwerk: Granitmaterial aus dem eiszeitlichen Geschiebe, dadurch gerundet, für die Verwendung im Bau mehr oder weniger präzise bearbeitet und zurechtgeschlagen, in Grundmauern auch als Schutz vor aufsteigendem Grundwasser für das Backsteinmauerwerk darüber genutzt

Fiale: Zierelement gotischer Architektur, schlankes Türmchen auf *Strebepfeilern, Wimpergen*, an Portalen oder auf Balustraden. Über den Giebeln sitzt der Helm oder Riese, eine schlanke Pyramide mit einer Kreuzblume bekrönt, mit blattförmigen Krabben auf den Kanten.

Gesims: hervortretendes Mauerelement, das waagerecht die horizontale Gliederung des Baus betont

Gewände: schräg in die Wand eingeschnittene Rahmung von Fenstern oder Portalen, oft gestuft, mit eingestellten Säulen oder Figuren

Gewölbe: als *Tonnen-*, *Kreuzgrat-* oder *Kreuzrippengewölbe* gemauerter Abschluss eines Raumes

Glasur: bei Temperaturen unterhalb des Backsteinbrandes schmelzende Mischungen von Farbmineralien und Siliciumoxyd, dem Grundstoff von Glas, von dekorativer und gegen Witterung schützender Wirkung, oft nach dem ersten Brand zusätzlich aufgetragen und bei niedrigerer Temperatur mit einem zweiten Brand aufgeschmolzen

Gotischer Verband: auch *polnischer Verband* oder „märkischer Verband": zwei *Läufer* folgen einem *Binder*

Gurtbogen: quer zur Längsachse eines Raumes angelegte bandartige Verstärkung eines *Gewölbes*

Hallenkirche: Kirchenbau mit gleicher Gewölbehöhe für alle Schiffe

Handstrichziegel: das vorbereitete Tonmaterial wird von Hand in den hölzernen Formkasten geschlagen und glatt gestrichen, anschließend getrocknet und gebrannt.

Joch: Gewölbeabschnitt eines Schiffes zwischen vier Pfeilern oder Säulen

Kämpfer: Auflager; vorspringende, waagerechte Platte zwischen Gewölbe- oder Bogenansatz und tragendem Bauteil

Kapitell: Kopfteil einer Säule

Kapitelsaal: Versammlungsraum einer Klostergemeinschaft

Konsole: aus der Wand hervortretender Tragstein für Bogenansätze, Gesimse und Figuren

Krabbe: Dekoration in Gestalt eines gewölbten Blattes

Kreuzblume: Kreuzförmiges Blattwerk- oder Blütenornament zur Bekrönung von Turmhelmen, Fialen oder Wimpergen

Kreuzgratgewölbe: Gewölbe, entstanden durch die Durchdringung zweier gleich hoher Tonnengewölbe mit scharfen Graten an den Schnittstellen

Kreuzverband: in der Mauer sind wechselnd Lagen von *Läufern* und *Bindern* verlegt, aber so, dass die Läufer jeweils um eine halbe Steinlänge gegenüber der vorhergehenden Läuferreihe verschoben werden.

Kreuzrippengewölbe: an die Stelle der Grate treten Rippen, von denen aus unterschiedlich geformte Gewölbekappen aufgemauert werden können.

Krypta: gewölbter Raum meist unterhalb des Chores, in vorgotischer Zeit für Heiligengräber und Reliquienverehrung genutzt

Läufer: parallel zur Wandfläche versetzter Backstein im Gegensatz zum *Binder*, der senkrecht dazu in die Wand hinein versetzt ist

Lettner: von „lectorium", hohe, begehbare Schranke zum Verlesen des Evangeliums an der Grenze zwischen Chor und Schiff, im Schiff davor der Kreuzaltar für den Gemeindegottesdienst

Lisene: senkrecht hervortretender Mauerstreifen zur Gliederung von Mauerflächen, im Gegensatz zum Pilaster ohne *Basis* und *Kapitell*

Maßwerk: geometrisch mit Zirkel und Lineal konstruiertes Ornament im Oberteil, im Couronnement der Fenster, aber auch in *Wimpergen* oder vor Wandflächen

Obergaden: oberer Raumabschnitt des Mittelschiffs einer *Basilika*

Pass: Kreisteilbogen im *Maßwerk*, zu Dreipässen oder Vierpässen etc. zusammengefasst

Pfeiler: tragende Stütze zwischen Öffnungen im Mauerwerk, rund, quadratisch, rechteckig, polygonal mit einem Kämpfer/Deckplatte als Abtrennung vom darüber lastenden Mauerwerk

Polnischer Verband: auch *gotischer oder märkischer Verband,* zwei Läufer folgen in der Lage einem Binder

Rollschicht: aus hochkant gestellten Bindern versetzt, meist für Stufen, Fensterstürze oder Mauerkronen genutzt